新装版 山はむらさき

平沢 興

新潟日報事業社

母校七穂小学校(味方村、現新潟市)の閉校式で（昭和50年3月22日）

新装版
山はむらさき

新装版に寄せて

佐野　孝

私は今、昭和五十一年二月一日発行の、この本の第一版を手にとって、当時を懐かしく思い出しております。この第一版が発行されますと非常に好評でありまして、売れに売れたというのが当時の実感でありました。

そして、この本の売れ行きに感謝しようと平澤先生をお呼びいたし、国指定重要文化財の笹川邸で出版記念会を開催することになりましたところ、平澤先生は遠路京都からわざわざおいでくださいましたのでありました。今から考えますと、超多忙さを顧みず京都からお呼びしたということは、大変先生にご無理をかけたのではなかったかとも思い返しております。

同年六月十二日の感謝の会は、笹川邸の二階の日本間で先生のご講話を頂くことで始まりました。そのとき先生は座布団に座られますと、「故郷《ふるさと》とはよいものですね」としんみりと申され、ハラハラと涙をこぼされ、目頭をぬぐわれましたことを私ははっきりと覚えております。そこに先生の故郷に対するお気持ちの深さを察し、私もジーンといたしました。

平澤先生は常々「伝記を読むことは、もう一つの人生を歩ませてもらえることである。有り難いことである」と申しておられましたが、なんと深い感動を与えるお言葉ではありませんか。そして先生は、ここに見事なご自分の伝記を私どもにお示し下されたのであります。

また先生は「学生を奮い立たせるには、教師自らが燃えなければならない」と常々申しておられましたが、このお言葉も私には深い感動を与えてくれるものでした。

この本は、振り仮名もありますので小学校高学年くらいから読めると思いますが、もっと早い時期に、お父さん、お母さんから読んでいただくこともきっとその子の記憶に残り、その後自ら読めるようになったとき、また新たな感動を与えるのではないかと思います。

これは、私がまだ字が読めない頃、母にせがんでは読んでもらった幼い頃の思い出に基づくものであります。

新装版となった本書が、広く読み継がれることを願ってやみません。


（医療法人敬成会　白根緑ヶ丘病院理事長、新潟市曽我平澤記念館協議委員会会長）

はしがき

「山はむらさき」は、みや通信社を通じてかつて新潟日報と京都新聞紙上に発表した短い自伝であるが、読者の希望により改めて発行することになったものである。「山はむらさき」とは変な書名であるが、これは本書をお読みになれば分かるように、越後平野のまんなかに生まれ、今の子供に比べればずっと知恵おくれだった私には、ふだん見る遠い山々がいつも紫に見えるので、小学三年ごろまでは山はみな紫のものだと思っていた笑い話にちなんでつけられたものである。

ラジオもテレビもなく、汽車なども小学卒業ごろまではほとんど見る機会さえなかった当時の子供は大体みなそんなもので、まことにのんびりしていた。おかしくもあり、なつかしくもある。そんな時代に私は、はじめは先生お一人の小さな農村の小学校にはいり、思う存分きれいな空気を吸い、思う存分あばれて育った。その後は郷里を出て他国の中学、高校、大学などで学び、更には欧米へも出かけて勉強した。さいわい私はどこでもよい人々に恵まれ、よい先生に導かれて、全く人々の善意の中で成長することができ、今も私の心はそうした人々に対する感謝でいっぱいである。

この自伝は目のまわるような多忙の中で書いた短文のもので、そうした感謝を十分述べることができず、この点まことに意に満たぬものがある。だが、それは他日に譲ることにし、この短文でも私の足跡の輪郭だけはつかめると思うので、あえて出版の希望にそうことにしたわけである。

ただ一言ここで強調しておきたいことは、人間にはだれにもほとんど無限の可能性が与えられており、努力さえ傾ければ、だれにも幸運の扉は開かれるということである。エジソンの言う通り、「天才とは一パーセントの思いつきと九十九パーセントの汗である」。何よりも大切なことはあくまでも自己との約束を守り、一度やろうと決心したことは必ずやり通し、決して自己を欺かぬことである。これさえできるようになれば、もう人生は自分のものである。

平沢　興

もくじ

挿絵 三芳悌吉

小学校時代

素朴《そぼく》で親切な村人

私は、男ばかり六人兄弟の末っ子として、新潟県・西蒲原郡《にしかんばらぐん》・味方村山王《あじかたむらさんのう》という当時は非常に貧しい、そして、たいへん不便な田舎《いなか》に生まれました。

明治三十三年のことですから、今から七十五年も昔のことです。そのころの人は、みんな足が強く、新潟市まで往復《おうふく》二十キロ近くもある道を、だれでもかんたんに歩いて往復したものです。歩く、といっても今の一万歩運動のように手ぶらでただ歩くのではありません。畑でとれた野菜類をくるまにつみ込み、ごろごろ押《お》したり引いたりして歩きつづけ、朝市などへ売りに行ったのです。そんな重労働も、村人たちは、かんたんな作業の一つくらいにしか考えていませんでした。

今となって、私が、いちばんありがたいと思うことは、そんな貧しい村ではあったが、みんな美しい心の人たちの村だった、ということです。

素朴《そぼく》で親切な人たちでした。そして村のぜんぶが浄土真宗《じょうどしんしゅう》でした。西、東の違《ちが》いはありましたが、ふだんはそんなことは問題にしませんでした。今でも特に頭に残っているのは、私が生まれた三十戸ぐらいの字《あざ》は全体が、まあ、親類《しんるい》づき合いのような間柄《あいだがら》であった、ということです。村には、何々組というのがあって、五、六軒《けん》ずつ一組になっていましたが、これが一段と深い親類づき合いで、冠婚《かんこん》葬祭《そうさい》など、すべてその人たちの手伝いで行われました。

この村は、蒲原《かんばら》平野のまん中にあるので、風景がいいとか山河《さんが》が美しいとか、取り立てて言えるような特徴《とくちょう》はなにもありませんでした。その特徴のないのが特徴というようなところで、たとえば、山というものなどは、会津《あいづ》国境《こっきょう》の山々とか、日本海側の山々とかが、遠くはるかかなたに見えるだけでした。ですから、私たち子供は、山というものは、色はうす紫《むらさき》で、それも遠くぼんやりしているものだ、と思い込《こ》んでいました。

交通機関といえば、信濃川の支流の中の口に入る川蒸気《かわじょうき》くらいしかなかった時代で、村も貧しく、大ていの子供は、小学校を卒業するまでは、実際に山にのぼるなどということはありませんでした。

弥彦《やひこ》まいり

そんななかで、私は、新潟のある親類の人と小学三年のときに、弥彦山《やひこやま》へ登りました。途中《とちゅう》で三晩くらい泊《と》まり、歩いて行ったのですが、ほろ馬車の通っているところは、それに乗りました。

馬車とは、名の通り馬が引いてゆくもので、座《すわ》るところも板なら、わだちは鉄、道は悪いときて、がたぴしがたぴし揺《ゆ》れ通しのたいへんな乗りものでした。しかし、これがピーポーピーポーと笛を鳴らして走ってゆくのが何ともいえず楽しかったのを、今もよく覚《おぼ》えています。

その馬車が、坂道をのぼってゆくのですが、だんだんとのぼってゆくうちに、いつの間にか山がなくなっていました。

「おや?! 山がなくなってしまったぞー」子供の私には、それが不思議《ふしぎ》で不思議でなりませんでした。山というものにふれたことのない私にとって、それは魔《ま》術《じゅつ》のように不思議な初体験《はつたいけん》だったのです。実は、いつのまにか山のお社《やしろ》に着いたのです。

子供のころの大ていのことは、忘れてしまいましたが、この小学三年の時の弥彦まいりとそのできごとだけは、昨日のことのように、今でも、あざやかに思い出せるのです。

山を見てきた、ということは、ラジオもテレビもない時代の子供にとっては、たいへんな出来ごとで、みんな私の話を聞こうと、待ちかまえていました。学校へ出てゆくと、小学三年の私は先生の命令で、全校生徒を前に、山の話をさせられました。

「山というものはうす紫《むらさき》色のものかと思っていたが、そうではない。近づくにしたがって、色にむらが出てくるし、さらに、近づくにつれ、だんだんきたならしく見えてくる。そして、しまいには山はなくなる」

見たまま、感じたまま、体験《たいけん》したままのそういうことを、くわしく話しました。全校の生徒は、食い入るように聞き入り、感心しない者はありませんでした。

七穂《ななほ》小学校

この七穂小学校というのは、私の入学当時は、多分全校生徒百人くらいで、それに対し、先生は、たったの一人でした。三年になったときに三人になり、ついで四人の先生になりましたが、今では、考えられないような複式《ふくしき》の授業だったのです。

女の子の半分くらいは、小さな弟妹《ていまい》をおんぶして登校しており、その子守り姿で教室の授業も受けていました。ですから、背中の赤ちゃんが泣き出すと、その子だけ教室を出てゆきました。校舎の窓は、外はガラス窓でしたが、中には障子《しょうじ》がはまっていました。

そんな貧しい村だったのです。それでも、野原は広いし、草は青いし、水もゆたかな平和な村でした。私たちは、そうした大自然のなかで、タコをあげたり、コマをまわしたり、鬼ごっこ、戦《いくさ》ごっこ、パチンコ等々、草と泥《どろ》にまみれて存分《ぞんぶん》に遊んだものです。中でも、メッキといって、そこらで折ってきた木の棒《ぼう》の先を削《けず》ってとがらせ、それを土に差《さ》し込《こ》んでおいて、同じ形の棒を打っつけては倒《たお》す遊びをよくやったものです。勝つと、勝った分だけの棒が自分のものになる。桃太郎の宝物ではありませんが、ぶんどった棒の何本かを宝物のようにわきにかかえ、意気揚々《いきようよう》とわが家に持ち帰ったものでした。相撲《すもう》も、よくやりましたが、私は、五、六年のころは全校中で、一番強かったくらいでした。

遊ぶときは、いたってのんき気でしたが、しかし、どういうわけか、私は、子供のときから、ひどく勉強が好きでした。祖父《そふ》は早く亡《な》くなりましたが、祖母《そぼ》はむしろ、私を勉強させないようにするために一苦労していたようでした。

「お前は、もう少し、元気を出して遊ばんといかん」祖母は、そういっては、私をおやつで釣《つ》って、外に出そうとしました。

ところが、そのせっかくのおやつも、たいていは友だちにあげてしまいました。なぜか、私は、あまり、おやつなどに未練《みれん》はなく、それよりも『日本少年』とか、『少年世界』などの雑誌や本を読むことの方が、ずっとおもしろかったのです。

私という子供

それに、学校で習ってきたことを、完全に頭に入れてしまう復習というものをしないと、まるで、落とし物でもしたようで、どうしても落ちつかないたちでした。そんな性癖《せいへき》の上に、も一つ、私には整頓《せいとん》の癖《くせ》がありました。然《しか》るべく置いた書物が、ちょっと動いたりしても気持ちが悪い。今は、そういう風にきちんと整頓もできなくなりましたが、子供のころは、そんな神経質《しんけいしつ》なところがありました。

かと思うと、人と遊ぶときなどは、まことにのんきで、腕白《わんぱく》そのものだった。どうも、私という人間は、子供のころから、一方では、いたってのんき気だが、他《た》方《ほう》ではひどく敏感《びんかん》なところがあって、鈍感《どんかん》と敏感とが妙《みょう》に入りまじって、その性格をつくっているように思われるのです。

小学校の先生方には、たいへんにかわいがってもらいました。白根市字上高井《かみたかい》に今も当時教わった橘護法《たちばなごほう》先生という方がおいでになりますが、この先生にも、たいへんかわいがってもらいました。

ところで、私は、学校ではよく秀才《しゅうさい》あつかいをされ、ある先生などは、尋常《じんじょう》小学四年生の私に、高等小学一、二年の本を持ってきて「これを読んでおけ」などといわれるのです。先生のお言葉《ことば》だからキバッて読んだものですが、私の方からいうと秀才にされ過ぎて、それにこたえるのは、たいへんな重荷でした。そんなとき私は、もっと楽しく勉強がしたいと思いました。

鏡淵《かがみふち》小学校の一学期

そのころ、新潟市に子供のないおじ夫婦がいて、たまたまそこへ遊びにゆき、ついいたい気持ちになって、五年生の一学期だけ鏡淵小学校に転校したことがあります。

そこには、受け持ちとして本山久平《もとやまきゅうへい》先生がおられました。数年前に亡《な》くなられましたが、先生はたいへんな勉強家で、後に中学や女学校の校長になられ、最後までよく勉強をつづけられた方です。厳《きび》しいが、たいへん親切な先生で、短い期間でしたが、忘れられない先生です。

転校して二週間もたった時でしたが、書き方の展覧会《てんらんかい》があり、私のも選ばれました。それどころか、先生は私のが全体中で一番良い、と驚《おどろ》かれ、「お前は、田舎《いなか》から転校してきたばかりだが、お前の字は一番いいぞ」と、たいへんほめてくださいました。この鏡淵小学校の教室で、試験に出た、おたまじゃくしの成長過程《せいちょうかてい》の答案《とうあん》を書いたのも、つい昨日のようによく覚《おぼ》えています。

この鏡淵小学校に、桜井のぶ子先生という音楽の先生がおられました。面長《おもなが》で背の高いハカマ姿の先生で、転校してきた私に、それとなく気をつかってくださいました。運動場で遊んでいる私に、「少しは慣《な》れましたか？」とか、「言葉《ことば》には困《こま》るでしょうね、でも、すぐ慣れますよ」とか、それは一学期間に、ほんの二、三度のお声がけだったのですが、この桜井先生のやさしいお心遣《こころづか》いは、今も、ありがたい思い出として、強く私の心に刻《きざ》まれています。

やがて夏休みになり、村のわが家へ帰ったら、やっぱりわが家がよくて、元の七穂《ななほ》小学校へ戻《もど》りました。

小学校の落第？　事件

　さて、話は少し、逆戻《ぎゃくもど》りするのですが、七穂小学校で、一年から二年に進級するときでした。そのころは、進級のたびに修了証書《しゅうりょうしょうしょ》が渡されたものです。その授与式《じゅよしき》の当日、祖母や親たちは、きっと学年代表で証書をもらいに出るに違いない、と思ったのでしょう。私は、ハカマ姿に威儀《いぎ》を正して登校しました。

　ところが、どうしたことか、私の修了証書だけがないのです。と、いうことは、私だけ、二年に進級できない、ということです。これは子供の私にとって大へんなショックでした。私は、役場の入学通知によって入学したのでしたが、役場が間違《まちが》えて一年早く入学通知を出していたのです。

　証書のない私は、そのまま家に帰り、およそ午前十一時ごろから午後の二時ごろまで、おばあさんを相手に、顔中を涙だらけにして泣いていました。子供心に進級できないのが、残念で残念でならなかったのです。それに学校や役場の理不《りふ》尽《じん》を、子供ながら素朴《そぼく》に怒《いか》っていたのです。

祖母は、やかましいが理知的《りちてき》な人でした。はじめは、しきりに私を慰《なぐさ》めていましたが、泣き出して三時間もたった時でした。

「お前のいうことに間違《まちが》いはないっ!!」と、突然《とつぜん》、言ったかと思うと、きっと立ち上がり、

「これから校長先生のところへ行き、ダンパンをしてくる」

といいました。私は、そのときの祖母の決意のみなぎった顔と、そして恐《おそ》らく、満身《まんしん》の力をこめていったであろう「ダンパン」ということばの、非常に強いひびきを、今もはっきり覚《おぼ》えています。

これは日露戦争後《にちろせんそうご》の明治四十年のことですから、歌にも歌われたダンパンとい

うことばを、勢《いきお》い込《こ》んだ祖母が使ったものと思われます。さいわい祖母と校長とのダンパンは破裂《はれつ》せず、祖母は、ニコニコとして、私の一年修了の証書を手にして帰ってきました。

祖母・父・母

役場の係が、私よりも弱々しい子供に入学通知を出すので、平沢の六男も当然学齢《がくれい》だ、と思い込んだのが間違《まちが》いの元だったようでしたが、このことはまた、中学進学時に問題になるのです。それは、後にお話しするとして、私の祖母は、そのように鋭《するど》く理知的で、男まさりの女性でした。それにひきかえ、母はまことに静かで、忍《にん》に貫《つらぬ》かれた女性だったように思われます。今から思うと、厳《きび》しい祖母のもとで、さぞ苦労が多かったろう、と思うのですが、祖母との間は、いつも春《しゅん》風駘蕩《ぷうたいとう》で、終生、私は母が愚痴《ぐち》っぽいことや人の悪口など言ったのをきいたことがありません。

いつのころからか野の石仏を見るたびに、私は母を思うのです。母は若いころ軽い天然痘《てんねんとう》にかかったことがあり、よくみないとわからない程《ほど》でしたが、顔にあばたがありました。風雪にさらされた石仏の顔にはほのかなアバタがあり、母の姿にぴったりなのです。

父は、鉄の意志をもった人で、土木建築の勉強をして県庁などでその方面の仕事にたずさわり、家にはあまりおりませんでした。父の印象として最も強いのは、祖母に最大の尊敬《そんけい》をはらい、祖母をはじめ、一般に年寄りをたいへん大事にしたことで、今もその様子は強く私の心に焼きついています。

紺《こん》ガスリと縞《しま》のハカマ

中学受験の旅立ち

当時の味方村は、特に私の生まれた字山王《あざさんのう》は、まだたいへんな田舎《いなか》でしたし、それに古い昔のことではあり、中学へ進学などということは、たいへんのことで、七穂《なほ》小学校では私がその第一号で、学校はじまって以来の出来ごとでした。

そのころ、父は京都の府庁《ふちょう》につとめており、私を、自分が尊敬《そんけい》する中山再次郎《なかやまさいじろう》先生が校長である京都府立二中に入れたい、と考え、私もそのように覚悟《かくご》をきめていました。ところが、こちらは前にも述べたような、授業も複式《ふくしき》といった田舎の小学校のことで、教科書なども、必ずしも全部終わりまで教わる、ということはなく、科目によっては途中《とちゅう》でおしまいになるということも珍《めずら》しくないのんき気な小学校で、学校側では府立二中の入学試験にはたいへん心配しました。それに、また「うまく入学できたとしても、中学では皆《みな》についてゆくのがたいへんで、ビリになるかも知れぬ」などといわれる先生もおられる始末で、今から思うと、ナンセンスのような話ですが、たいへん心を悩《なや》ましたものです。

そこで私は、六年生になると、父から大阪の宝文館《ほうぶんかん》の受験準備の本を送ってもらい、学校から戻《もど》ってくると、毎日、ほとんど遊ばず、ひとりで学習をはじめましたが、これは文字通りの独学《どくがく》でした。この本は、やや薄黄味《うすきみ》の表紙でしたが、月夜の晩などは、その本の昼間覚《おぼ》えたところを暗記しながら、よく野原を歩いたのを、今でも、はっきり覚えています。当時の私には、中学は世の何物にもまさるすばらしいもので、中学に入《はい》れれば、それ以上の望みはない、と思っていました。

そうして一年。七穂小学校を卒業した私は、いよいよ京都での受験に旅立つことになりました。当時は、まだ今のように交通機関が発達しておらず、新潟から京都までの直通列車はなく、まず新潟から長野に出て、長野で乗り換《か》えて名古屋へ行き、そこでもう一度乗り換えて京都へゆく、というしだいでした。

その私の京都への旅については、いろいろ問題があり、父ははじめから単身《たんしん》でくるようにと主張していました。しかし、祖母は「こんな田舎《いなか》の、小学校を出たばかりの子供に、それは無理というものだ」と、猛然《もうぜん》と反対しました。

ところが、ほかのことでは、何でも祖母のいうことをきく父も、このことについてだけは、厳《げん》として、祖母のことばを容《い》れませんでした。そして父は、「すでに小学校も卒業して、日本語も知り、地理も習っている。京都くらいへ一人で出て来られないくらいなら、中学などへ進むことはない。これから伸びようという子供は、それくらいの覚悟《かくご》がなければならない」と、あくまでガン張《ば》るのです。

私は、実のところ、京都へのひとり旅は心配でした。しかし、「父のいうことは本当だな」と思い、深く覚悟するところがありました。

雪も解《と》けきらぬ三月の十日ごろだったでしょうか。私は兄に送られて、紺《こん》ガスリの着物に、シマのハカマ。黒緒《くろお》のゲタに、握《にぎ》り飯《めし》の弁当《べんとう》。それに、十の字にヒモをかけた竹ゴウリをたずさえて、新潟駅を出ました。

もちろん、列車に乗り込んだのは、私一人でした。その列車は、今のような電気機関車ではなく、石炭をたいて走る蒸気《じょうき》機関車です。ポーッと鳴る汽笛《きてき》を合図に、列車はゴトンと揺《ゆ》れ、ゆるやかな速度でホームを出ました。その瞬間《しゅんかん》、私は急に、たまらなく寂《さび》しくなり、今まで中学へ進むよろこびで一ぱいだった自分はどこへやら。こんなことなら、京都などへ行くより、味方《あじかた》の田舎《いなか》に居《い》るほうがよっぽどよい。勉強なんか、せんでもよい、と思ったほどです。だが、列車がどんどん走って、時間がたつほどに、私の気持ちもしだいに落ちつき、親切な乗客に教えられて、乗り換《か》えも無事にすませて、翌日《よくじつ》、京都につきました。

中学生へ父の言葉《ことば》

府立二中の受験手続きも終わり、いよいよ受験の日を待つばかりとなっていたある日、二中の方から、一たん受け付けた願書《がんしょ》を返すといってきました。これには父もびっくり。きいてみると、年齢《ねんれい》が足らぬという理由です。前にも書いたように、私は役場の早のみ込みから、学齢よりも一年早く小学校へあがったのですが、それがたたったのでした。

仕方がないので、西本願寺《にしほんがんじ》立の平安中学へゆき、事情を話してお願いしたところ、「まあ、そんな田舎の小学校なら、入学しても、ついてゆけるかどうかも分からんし、もし遅《おく》れれば、ちょうどよくなるから、まあ、よかろう」と、いうようなことで、願書は受け付けられて、受験の上、入学することになりました。

理由のいかんを問わず、府立二中へ入学できなかったことは残念でしたが、それでも、平安にはいれて、私はたいへんにうれしゅうございました。

父は西郷隆盛《さいごうたかもり》が好きで、そのころよく、私にいったのは、

「お前は、意志が弱い。男で意志の弱いのはダメだ。何としても意志を訓練《くんれん》して、西郷さんのように、何が起きても、ビクビクせずにやれるような強い意志を持たねばならぬ。しっかり意志の訓練ができれば、やろうと思うことは、何でもできるはずだ」

というようなことでした。

そんなわけで、父は、中学入学いらい、私の行動に対しては、ほとんど命令がましいことはいわず、朝なども、決して私を起こすというようなことはしませんでした。ある日、父は、

「お前を起こしてやるのは簡単《かんたん》だが、自分が勉強するのに、ひとに起こされるよ

うでは、おもしろくない。勉強するのは自分なのだから、これは自ら進んでやるべきものだ。自分ひとりで起きなさい。しっかり覚悟《かくご》さえすれば、自然に起きられるものだ」

などと言いました。そして父は、目覚《めざ》まし時計なども使わせませんでした。

「これは、えらいことになった。遅刻《ちこく》でもしたらたいへんだぞ」と、私は強く決心しました。はじめのうちは、朝なども何度も目がさめ、そのたびに何時か、見なければならない。面倒《めんどう》なので、目が覚《さ》めると、四時半か五時ごろにはもう起き出して、学校へ出かけました。

学校へは、徒歩で約一時間かかりましたが、八時の始業というのに、寮《りょう》の起床ラッパが鳴る六時か六時半ごろには、もう学校に着いているのです。そして、天気のいい日には校庭で、雨天の日は雨天体操場で勉強をしました。毎日、そんなに早く登校してくるので、寮の舎監《しゃかん》の先生などもびっくりされ、朝起きられぬ寮の生徒や遅刻する生徒などには、いつも私の話を出して、訓戒《くんかい》されたということです。

成績表にびっくり

すでにのべた通り、父は中学入学いらい、あまりこまかなことは言わず、ほとんど私の自主性にまかせておりました。二年の時、父が京都を離れたので、私は寮にはいり、何か相談ごとがあって、手紙で父の意見を求めました。そのとき、父の返事には、

「お前の考えに賛成《さんせい》である。私は、お前が考えて、よいと思うことには賛成だが、悪いと思うことには反対である。だから、小さなことは、いちいち私に相談しなくともよい」

と書いてありました。

これは、私に、考えさせて、自分の行動に責任をとらせるには、もっともよい考え方で、私はあくまでもできるだけ自《みずか》ら考え、責任をもって自主的に行動することを身につけることができました。ありがたいことだと思います。

話が少し前に戻《もど》りますが、中学一年の一学期が終わり、夏休みに入り、成績通知表が送られてきた時でした。開いてみて、私はびっくり。何と、私の成績は、クラスの五番ではありませんか。私はキツネにつままれたようで、自分の目をうたがいました。しかし、何度見ても五番です。学校では、だれをみても、私にはみな秀才《しゅうさい》のようにみえ、私よりできるようでした。それに、小学校のときに、京都の中学にはいれても、みなについてゆけるかどうかわからぬ、などといわれてきた私です。

私は、二、三日後、これは学校の間違《まちが》いにちがいない、と考えて、学校へいって尋《たず》ねました。夏休みのガランとした学校には、ただ生徒監《せいとかん》の藤川先生だけがおられました。成績表を差《さ》し出し、そのことを告げると、先生は即座《そくざ》にいわれました。

「いや、決して間違いではない。わしがつけたら、もっといい点をやりたいくらいだ。君は実にいい生徒だ。よく勉強するし、それにマジメだ」と。

うれしかったですね。私にとって、この言葉《ことば》は、天来《てんらい》の声のようで、田舎から出た劣等感《れっとうかん》のある私に、新たに内から湧《わ》くような力を与えてくれました。これは、私の生涯《しょうがい》にとっても忘れられない大きな感激《かんげき》でした。

独断専行《どくだんせんこう》の転校受験

この平安中学は、当時はお寺の子弟が多く、大学も、多くは、仏教の大学へ進むのですが、私は普通の大学へ進みたい、と考えていました。それで私は、勉強の都合上《つごうじょう》、京都の府立二中へ転校したいと考え、三年の終わりごろ、事情をのべて、平安中学へ、転校の希望を願い出ましたが、なかなか許してはもらえませんでした。しかし、しまいには、

「その転校試験を受けて、落第《らくだい》しても、本校へは戻《もど》さないぞ。その覚悟《かくご》はいいな」

と念《ねん》をおされ、最後にはさらに「君は本校で優等生《ゆうとうせい》だったのだから、二中へ行っても、同じようにやるんだぞ」と、強く注意をされて、やっと許していただきました。

この転校については、あらかじめ父には何の相談もせず、独断《どくだん》でやっていましたので、もしも転校試験に落ちたら、たいへんなことになるな、と私は思い悩みました。しかし試験にはパス。転校許可の通知のあった日、はじめて父に事後報

告の手紙を書いて、おゆるしを得ました。

医学を志《こころざ》していた私は、こうして平安中学を去りましたが、しかし、平安に学んだことは、私にはまことにありがたく、これは私の一生に大きな宗教的影響《しゅうきょうてきえいきょう》を与えました。

私の生まれたところは、浄土真宗《じょうどしんしゅう》の盛んな土地で、村を流れる水にも、また空気にも、親鸞上人《しんらんしょうにん》の信仰《しんこう》が溶《と》けこんでいるようなところでした。理くつは知らんでも、信仰をもっている人々の素朴《そぼく》な姿は、子どもにもわかるもので、そうした素朴さは、たしかに私にも子供のときからあったようです。

そのような心の土壌《どじょう》に加えて、こんどは、親鸞上人の流れをくむ平安中学へ入ることになり、さらに、上人の信仰と生き方から多くのものを学ぶことになりました。そんなことから私は、生きることと信仰とが、どういう関係をもつかとか、さらには、人間の生命そのものがいかなるものかなどについて、早くからひとよりも深く考える機会を与えられることになりました。

偶然《ぐうぜん》の偶然

私の進んだ道は、いわゆる科学の道でしたので、信仰そのものとは直結《ちょっけつ》してはおりません。しかし、科学が「知《ち》」によって進められるものとすれば、信仰は、発生的にはそれよりももっと古く、かつ、基礎的《きそてき》な「情《じょう》」にもとづいて進められるもので、科学と信仰とは、立っている基盤《きばん》が違《ちが》うのですが、いずれもまことに大切なものです。

しかし、世間には、しばしば大きな誤解《ごかい》があり、「知」の方が高くて、「情」の方が低いみたいに考えられておりますが、決してそうではなく、生物進化の過程《かてい》からみれば、生物としてはむしろ、「情」の方が先で、「知」が後なのです。人間でも、「情」の方が基礎的で、「知」は、「情」的安定の上にあってこそ、はじめて人間全体として落ちつきが持てるのです。「知」だけが進んで、「情」的の安定がないような文化は、不安定な文化となり、ノイローゼ的なものになってしまいます。

現代は、ただ日本だけではなく、世界的にそういう傾向《けいこう》がありますが、これは決して人類にとって望ましい文化ではありません。

私が、こういうことに比較的《ひかくてき》深い関心をもつようになったのは、恐《おそ》らく私が越後の農村に生まれて愚《おろ》かさを知り、偶然《ぐうぜん》にも平安中学に学んで親鸞上人《しんらんしょうにん》を知った、というようなことが原因ではないか、と思われます。こうしたことに気づきはじめたのは私が五十路《いそじ》の坂を越してからですが、この偶然は、ある意味では、私の生涯《しょうがい》をきめたようなもので、ありがたいことだったと頭をさげずにはおられません。

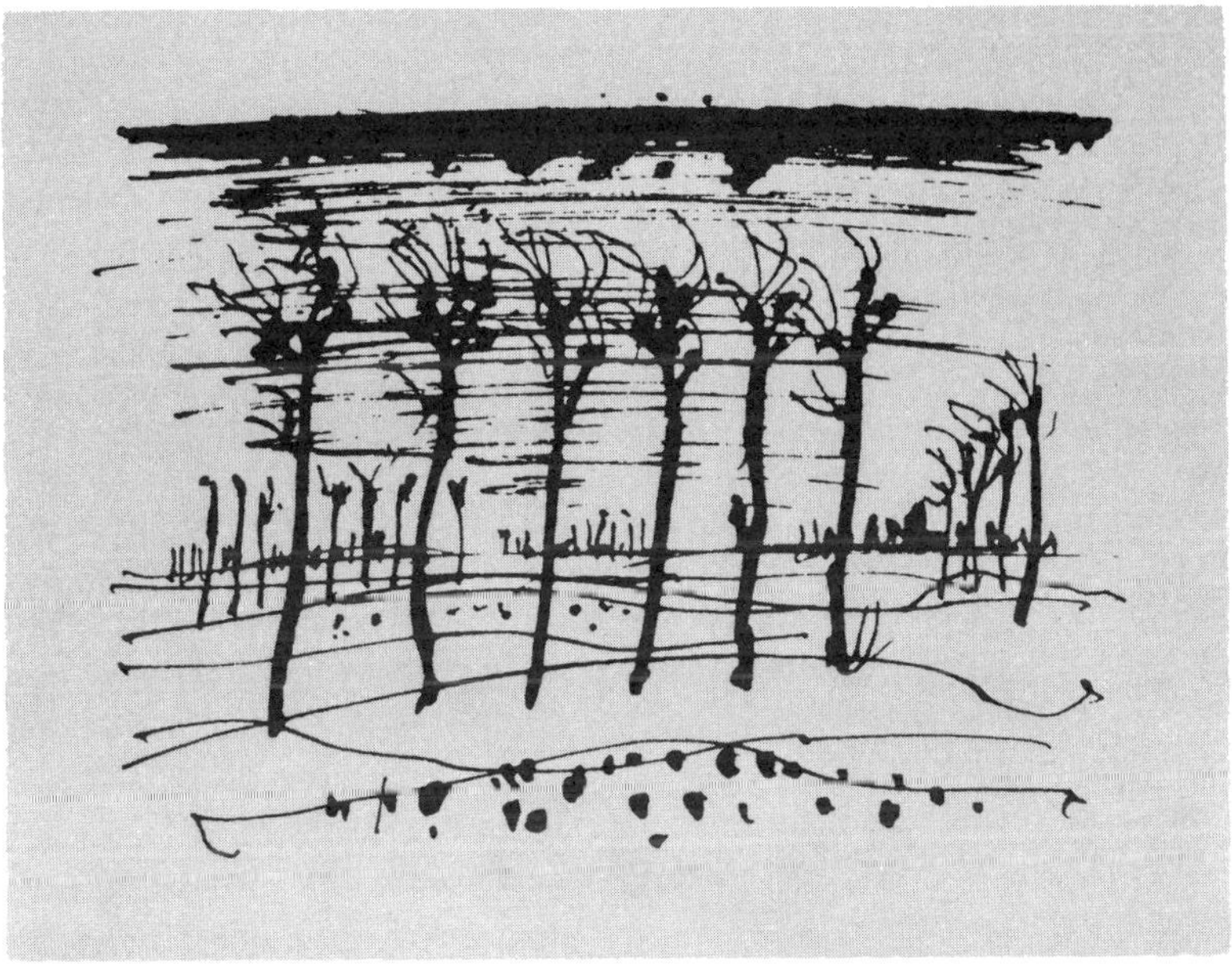

人間素材《そざい》にノミを入れる日々

いらん字が一番大事

京の山川が新緑にもえる四月、私は、帽章《ぼうしょう》も新たに、京都府立二中へ通いはじめました。

この中学は、年配《ねんぱい》の方はご記憶《きおく》かと思いますが、第一回の全国中等学校野球大会で、優勝をした中学です。

ここには、中山再次郎先生というすばらしい校長先生がおられて、心身両面の調和的《ちょうわてき》発達を目ざし、勉強とともに、運動も盛んにすすめられました。先生は、いつも、「元気で、まっ黒な生徒をみたら二中の生徒だと思え」といっておられました。

先生は、中学の敷地《しきち》の中に住んでおられ、校長であり、寄宿舎の寮長《りょうちょう》でもあり

京都府立第二中学校(旧制)明治三十三年開校　雨窓

ましたが、当時、たぶん千二、三百人はいたであろう全校生徒を、まるでわが子のように可愛《かわい》がられ、生徒もまた皆先生を慈父《じふ》のように慕《した》っておりました。

先生は、二中の創立以来三十年間、校長でしたが、まったく先生のこころは学校のすみずみまでしみこんでおりました。先生は、純粋《じゅんすい》と誠実《せいじつ》の人であり、情熱《じょうねつ》と勇気の人であり、そして愛情と寛容《かんよう》の人でありました。私にとっても先生は、私という人間素材《そざい》に、もっとも基本的な鑿《のみ》を入れてくださった方で、心から感謝しております。

中学のころの私は、全く田舎者丸出《いなかものまるだ》しで、マジメといえばマジメですが、まことに気のきかないマジメ一方の生徒でした。

そんな私を、先生は、珍《めずら》しいものなどが届《とど》くと、よく自宅へよんで、ごちそうしてくださいました。そして、時には先生は、

「平沢、お前は、マジメだが、その上に、どうもいらん字がくっついているぞ。

それは、クソマジメのクソだ」

などと、じょうだんを言って、笑っておられました。だが、そんな折いつもそばから夫人が私に、

「平沢さん、その、いらん字が、いちばん大事なんですよ」

などと、応援して、元気をつけてくださいました。

また、先生は、「酒や女でしくじった輩《やから》とは、つき合わない、そんな人間にはなるなよ」などとも言われました。そして「いや、お前に、しくじれ、というのではない。お前は、バカ正直《しょうじき》だから、第三者として言っておくのだ」などと、付け加えられたものです。

そういう校長のもとでの中学でしたから、二中はいつも明るく、先生方ものびのびとしておられ、いわゆる要領《ようりょう》のいい人などは居られないようなふんい気でした。「人間は、堂々と生きることが一番だ。君たちは、天を仰《あお》いで恥《は》じない人間に

なれ」

と、よく先生は言われました。

トンチンカンの卒業

さて、中学五年の二学期のはじめでした。思いもかけぬ出来ごとが起こりました。私は園遊会《えんゆうかい》で食べた菓子が悪く、赤痢《せきり》にかかって、京都の伝染《でんせん》病院へ入院。二学期はほとんど出席できず、三学期も半ばを過ぎてから、やっと登校しました。

ある日、中山校長は、私をお呼びになり、

「平沢、どうだ。もう一年、中学に残るか？　それとも卒業するか？」

と、じっと私を見つめながら、おききになるのです。私は、ちょっと考えて、

「先生、やはり卒業したいです」

と、答えました。すると先生は、私のことばにかぶせるように、

「よし、わかった」

と、おっしゃり、

「今、お前にとっていちばん大事なのは、健康だ。だから、できるだけ養生《ようじょう》することだ。卒業の方は白紙でも引き受けた。だが、答案《とうあん》に、名前を書くことだけは忘れるなよ」

と、いってくださったのです。

前にも書いた通り、私は、四年に平安から転校してきたばかりなのに、五年になると、もう一中で特待生《とくたいせい》にしてもらい、授業料免除《じゅぎょうりょうめんじょ》の恩典《おんてん》を受けていたのです。たとえ、先生がそうはいってくださっても、もちろん私は、何とか試験に間に合わせようと、できるだけの勉強はしました。しかし、このとき、私はしみじみと

自分という人間の生地《きじ》を知ったのです。私は、よく勉強すれば、人のやることぐらいはやれるのですが、本来、頭の動きはのろく、とても短期《たんき》にうまく仕上げる要領《ようりょう》のいい勉強などはできないのです。この時、それをしっかりと発見したのです。この発見は、決して楽しいものではありませんでしたが、しかし、長い目で見ると、実によい経験だったと思っています。

そんなことで、卒業試験の答案《とうあん》には、たしかに白紙に近いものもありましたが、とにかく認定及第《にんていきゅうだい》で、二中を卒業させていただきました。なお、私は寮《りょう》の組長をしていましたので、その方の賞はいただきました。こういうトンチンカンの卒業は、二中でもはじめてだった、ということです。

話は、横道へそれますが、それから約四十年を経《へ》て、私が京大の総長《そうちょう》になったときのことです。中山先生は、九十四歳で、まだご健在《けんざい》でしたが、私が、ごあいさつにあがると、先生はすでに新聞でご承知《しょうち》で、私の顔を見るなり、

「たいへんなことになったなぁ」

とおっしゃるのです。そして、しばらくして、また先生のお言葉《ことば》が続くのです。

「しかし、心配するな。君なら必ずやれる。昔の通りにやれ。中学のときの、あの気持ちでやれ。君なら必ずやり通せる。うまいことやろうと思うな」

私にとって、先生のこのお言葉ほどありがたいものはありませんでした。「昔の通りにやれ。うまいことやろうと思うな」。これは、言葉をかえれば、バカ正直の私の地金《じがね》のとおりにやれ、ということで、私にとっていちばん無理《むり》のないことです。それならできると、私も思いました。先生のお言葉は、ほんとうに私に無限《むげん》の力を与えてくれました。

人力車の受験生

せっかく格別《かくべつ》の御《ご》配慮《はいりょ》で、中学を出してもらいましたが、卒業後再《ふたた》び体の調子を悪くし、ほとんどずっと重湯《おもゆ》をたべてのくらしでした。そんな、ひょろひょろの体で、高等学校の受験期を迎《むか》え、私は金沢《かなざわ》の四高を受けました。しかし、重湯《おもゆ》をすりながらの受験で、宿から四高までのわずかな距離《きょり》も、歩くことができず、人力車で行かねばなりませんでした。

試験場では、かねて提出《ていしゅつ》していた卒業当時の私の写真と実物の私を見比《みくら》べて、試験官は、「君、違《ちが》うじゃないか?」と疑《うたが》うほど私は、痩《や》せこけていたのです。

入試の初日は、むんむんと、ひどい暑さの日でした。私は受験の机に向かいましたが、頭は重く、何ともいえぬ暗い気持ちでした。

ところが、いざ、答案《とうあん》用紙にむかう段になって、まったく、突然《とつぜん》、過去の一年間なかったほど頭が冴《さ》えてきたのです。まるで神業《かみわざ》のようなできごとで、私も不《ふ》思議《しぎ》でなりませんでした。それはあまり暑いので、係の人が試験場へ何か清涼剤《せいりょうざい》をまいた、その瞬間《しゅんかん》からだったのです。

私には希望が出てきました。代数《だいすう》、三角等々つぎつぎと答案《とうあん》を書いてゆきました。そして幾何《きか》へ入りました。問題は二問出ていましたが、二つとも分かりませんでした。ところがそのうち一問がやっとわかった、と、思ったその時、残念《ざんねん》ながらカネが鳴りました。しかし、私は答案を書きはじめ、二度、目を通して出しました。その間、試験官の先生は、「カネが鳴りましたよ」と、いいながらも、私のそばに立って待っていてくださいました。後で知りましたが、それは岸先生という英語の老先生でした。

その年は、からだの具合が悪いので入学できなくても仕方がない、と半ばあきらめていたのですが、それでも、やるだけのことはやっておこう、と、受験したのですが、お陰《かげ》でパスしました。

私は、どんな時でも全力主義です。だから試験などでも、二時間のものは二時間をかけて答案《とうあん》をかきます。点の打ち方から文の長短《ちょうたん》、答案の美しさまで十分吟味《ぎんみ》をすると、そう早くできるはずはないと思います。とにかく私は、どんな試験でも与えられた時間は、時間いっぱい使ってやる主義で、わかっても早く答案を出すというようなことは致《いた》しません。

もっとも、ベルが鳴ってから書きだして、二度も目を通すとか、試験官がそれを待っていてくれる、などということは、どうかと思いますが、何か古い昔のゆとりが思い出されて懐《なつ》かしさが感じられます。

四高では、当時、一年生は学校の寮《りょう》におる義務《ぎむ》がありましたが、二年生からは自由なので、私は、二年生から浄土宗《じょうどしゅう》の寺に下宿《げしゅく》しました。大変、勉強にはよいところでした。金沢《かなざわ》は古い町で、人々も一般に親切であり、金沢での高校生活は、私にとってもいろいろ忘れ難《がた》いものがあります。

煩悶《はんもん》の大学生活

四高卒業後私は、京都大学医学部を選びました。なぜ私が東大をえらばず、京大をえらんだかは、主として高校三年間、京都を離れた後の京都に対する憧憬《どうけい》と、何とはなしに、より自由な京大のふんい気に心ひかれたためのようですが、たしかに京都の環境《かんきょう》は全体としては温《あたた》かく私を育ててくれたように思われます。

大学へ進むについて、私には大きな覚悟《かくご》がありました。それは、中学も高校も、先生に教えられることを学ぶ、言わば受け身の勉強だったが、大学では、これまでとは違《ちが》い、もっと積極的《せっきょくてき》に徹底的《てっていてき》な勉強をしよう、という覚悟《かくご》であります。それは、大学は、ただ教えられることを習う受け身の勉強をするところではなく、もっと積極的に自らも考えながら自主的に勉強すべきところだ、と私は考えていたからです。私は今も、それが本当だろうと思っています。

そこで、私は大学へ入《はい》ったら、学校の成績などには、一切とらわれず、そのかわり、勉強そのものは、文字通り命がけでやろうと一大決心をしていたのです。具体的には大学では、まず講義《こうぎ》をきき、第二に、先生の示された外国の参考書を読み、第三に、講義と参考書とで十分考えて、自分自身のノートをつくりあげようと考えていたのです。これは大学入学に際して、私が私自身に誓《ちか》っていたことです。

なぜ、こんな決心をしたかについては、いろいろありますが、その一つの原因は、高校三年のときのクラス主任だった木村謹治《きんじ》先生の影響《えいきょう》のようです。先生は東大を銀時計で出られたドイツ語の教授《きょうじゅ》で、間もなくまた東大へおかえりになりましたが、「大学なんていうところは、ちょっと勉強すれば間に合う。大したことはない。参考書を読む時間は十分ある」などとよく話されたものです。そんなことで、私は、大学での勉強の方針《ほうしん》を立てていたのです。

ところが、実際、大学へ入ってみると、文科系《ぶんかけい》と自然科学系《しぜんかがくけい》とでは、だいぶ事情が違《ちが》うのです。

自然科学系の方は、いろいろ実験的のことなどがあり、学校の時間がぎっしりつまり、自分の自由にできる時間は、文科系にくらべ、ずっと少ないのです。

そういうことを、全然《ぜんぜん》、知らずに立てた基本方針です。講義《こうぎ》に出、それを整理するだけで時間がいっぱいで、とても原書《げんしょ》の参考書を読むなどという時間はありません。逆《ぎゃく》に、参考書を読もうと思えば、とても講義に出るなどという時間はありません。九月にはじまった講義に一カ月ほど出てみると、私はまず、自分の基本方針が、現実の問題としては、到底《とうてい》実行不可能《ふかのう》なことを知りました。

ここに私のするどい煩悶《はんもん》が、はじまるのです。自分が自分に約束したことができぬようで、果たして人間の名に値《あたい》するのか。煩悶はしだいに神経衰弱《しんけいすいじゃく》となり、不眠症《ふみんしょう》となり、そのうち、学校へも出なくなり、あげくの果ては、大学をやめようかとか、蒸発《じょうはつ》しようか、などと途方《とほう》もないことを考えたりするようになりました。そして私は、冬休みにもならぬのに、十二月早々、越後のふるさとへ帰ることにしました。

普通なら、突然《とつぜん》の、早い帰省《きせい》に、家人も不思議《ふしぎ》がるところでしょうが、私には絶対の信頼《しんらい》をよせていたので、「今年は早く帰ったね」という程度《ていど》で、何も聞いたりはしませんでした。

その年は、雪の深い年でした。凍《こお》るような雪原《せつげん》の天地を、木枯《こが》らしがビュービュー吹きまくっていました。京都とは、まるで違《ちが》った生まれ故郷《こきょう》の空気でした。

この、ふるさとの雪原に立って、木枯らしの音をきくだけで、私の心は、ふしぎにだんだんと静まってきました。そんなある日でした。突如《とつじょ》として、ベートーベンが私に呼びかけたのです。

人間の迷《まよ》いと目ざめ

ベートーベンの声

すでに述べたごとく、私は情熱に燃えて、新たな勉強法を工夫して、大学へ入ったのですが、その向学《こうがく》の夢は、あっという間に医学部の現実に、ずたずたに切り裂《さ》かれ、若い私は、ただ煩悶《はんもん》するのみで、ついに講義《こうぎ》にも出なくなり、故郷《こきょう》の雪の原野をさまようことになったのです。そしてこの寒風のなかで、ある日、まったく突然《とつぜん》、長いあいだ私が私淑《ししゅく》していたベートーベンが私に声をかけてくれたのです。

それは、正に運命の瞬間《しゅんかん》とでもいうものでしょう。ほんとうに不思議《ふしぎ》な心の出合いでした。その瞬間、私は、突如《とつじょ》として迷《まよ》いと絶望《ぜつぼう》の暗黒の世界から、喜びと希望の太陽の世界に飛び出したのです。

私に対するベートーベンの声というのは、耳の病気で絶望的になろうとする自己《じこ》に対して、二十五歳のベートーベンが叫《さけ》ぶ戒《いまし》めと励《げげ》ましの言葉《ことば》でした。彼は二十五歳のある日の日記にこう書いているのです。

「勇気を出せ、たとえ肉体に、いかなる欠点があろうとも、わが魂《たましい》は、これに打ち勝たねばならぬ。二十五歳。そうだ、二十五歳になったのだ。今年こそ、男一匹、ほんものになる覚悟《かくご》をきめねばならぬ」

この言葉には、たしかに悲壮《ひそう》のものがありますが、彼はあらゆる難関《なんかん》を突破《とっぱ》して、ついにその目ざす峰《みね》に突進《とっしん》したのです。

私たちが、日ごろ目にするベートーベンの肖像《しょうぞう》や、また、嵐《あらし》をついて、街《まち》をゆく彼の姿は、これ以上に強い人があろうか、と思われるほどですが、しかし、ベートーベンは決して、ただ強いだけの人ではなく、むしろ人一倍傷《きず》つきやすい繊《せん》細《さい》なものを心に持ちながら、よくそれを鍛《きた》えに鍛えて鍛えぬいた人なのです。もしたゞ強いだけの人なら、このようなことばは、吐かないでしょう。ベートーベンはその晩年《ばんねん》に「苦難《くなん》を通じて歓喜《かんき》へ」などとも言っておりますが、こうしたことばも、よくそのことを語っておると思われます。

ベートーベンの偉大《いだい》さをもってしても、なおかつ、かかる嘆《なげ》きがあることを思うと、私は自分ごときものが、煩悶《はんもん》し迷《まよ》うのはむしろ当然ではないかとさえ、感じるようになり、心もしだいにおちつきを取りもどして来ました。そして、「よし一月からやり直しだ」と一大決心をして百八十度の転換《てんかん》を試《こころ》みたのです。こうして、京都でひどい神経衰弱《しんけいすいじゃく》にかかっていた私も、ふるさとのきびしい雪原《せつげん》の自然とベートーベンのはげしい自己育成《じこいくせい》の感動によって、どうやら再《ふたた》び自己《じこ》をとり戻すことができましたが、これは私の一生にとっても正に一大転換《てんかん》でありました。

こうした迷《まよ》いや煩悶《はんもん》は、程度の差はあれ、恐《おそ》らく青年期にはだれにもあるものでしょう。そういう迷いや苦しみを乗り越えてこそ、はじめてそこに望ましい人間が生まれるのです。思うに、はじめから欠点のない人間などというものはなく、またもし、あったとしても、それは、少なくとも、私には興味のない無縁《えん》のものです。真実を追い求めるものには、それだけの苦難《くなん》があり、また、そこを乗り越えてこそ、いよいよ人生に味《あじ》と豊《ゆた》かさとが加わるものだと思われます。

越前浜《えちぜんはま》の西遊寺《さいゆうじ》

私にも、高校時代から大学の前半ぐらいにかけて、いわゆる青年の憂《ゆう》うつ期がありました。しかし、私の場合、ただ外から見ただけでは、あまりどうと変わったところはなく、時にはむしろ快活《かいかつ》そうにさえみえたもののようです。さいわい私は、こうした青春時代の夏休みを海岸の静かな寺で過ごすことができ、これは私の一生から見ても、たいへんにありがたいことだったと思っております。

話が少し、前に戻《もど》りますが、四高一年の三学期も終わりに近いころでした。当時は一学期は九月から十二月、二学期は一月から三月、三学期は四月から七月でしたが、その年の夏休みはひとつ、静かにうんと勉強したいと考え、その宿を親《しん》類《るい》のものが村長をしていた角田山麓《かくださんろく》の一漁村にある越前浜《えちぜんはま》のお寺に頼《たの》むことにしました。それは古い浄土真宗《じょうどしんしゅう》の西遊寺《さいゆうじ》で、村長からは「頼んでおいた」との返事でした。ところが、この村長は、特別の事情で県庁から差《さ》しまわしの村長であったため、もう夏休み前にやめ、何かの手違《てちが》いがあったらしく、実際は寺へはまだ頼んでいなかったのです。

たしか七月も十日ごろだったと思います。私は喜び勇んで、かねて夏休み用にと買い込んでいた本や、もう一度読み直そうと選び出した本などを、コウリ一ぱいに詰《つ》めて出かけたのです。新潟から越後鉄道《えちごてつどう》にのり、赤塚駅《あかつかえき》でおり、荷物《にもつ》があるので、不便な道を人力車に乗ってやっとお昼ごろめざす寺へ着きました。

越前浜　西遊寺　立澤先生の勉強部屋　雨

玄関にはいって大声で頼《たの》むと、子守りのような人が出たので、その用向《ようむ》きを話しました。いったん奥へ行った彼女が出て来て言うには、「村長の話は何もきいていません。この寺には、夏休みに親せきの学生などが大勢来るので、とてもお泊《と》めすることはできません」とのことで、まったくにべもない断《こと》わりです。てっきりお願いしてあるものと思いこんで、それだけ準備《じゅんび》をして、はるばるやってきたのに、こうかんたんに断わられては、こちらもたまらないので、私も真剣《しんけん》です。

「そこを何とかお願い申したい」と、何度も頼みますと、こんどは、見るからにやさしそうなばあやが出てこられて、前の理由に、さらに、先年住職《じゅうしょく》がなくなられて、今この寺は無住《むじゅう》であるなどということまであげられて、どこまでもていねいに断わられるのです。それでも私は、一生懸命に頼みました。ばあやも間にはいって大変こまり、私に同情しながら、何度も奥へはいっては、寺の奥さまと私との間をとりもってくれました。そういうことが五、六回もくり返されたでし

ょうか、最後に、奥さま自身が出て来られました。そして、二、三の質問をされた上、

「遠路《えんろ》のことで、さぞお疲《つか》れでしょう。とにかくおあがりなさい。まあ、おひるでも食べて、一休みして、夕方お帰りなさい」ということになりました。私は、その通りにしようと思って、まずあがって、お昼をいただくことにしました。そして、その後、一むねりして、ほっと人心地《ひとごこち》を取り戻《もど》しました。「ああ、やがて帰らねばならぬな」と思っているところへ、番僧《ばんそう》が来て言うには、

「お疲れでしたら、一晩、泊まって帰られたら……」

とのことです。私はご好意に甘えて、一晩泊めてもらうことにしました。そして翌朝は、早く起きて、当時小学校の四、五年であった次男と長男と一緒に浜へゆき、小ガニを取ったりして、楽しく遊びました。

ふしぎな縁《えん》

朝食もすみ、帰る仕度《したく》をしておると、また番僧《ばんそう》が来て、

「もしよければ、二、三日お泊《と》まりになってもよろしいとのことです」

というのです。喜んで私はそうすることにいたしました。こうして二、三日泊めてもらっているうちに、だんだんと親しくなり、今度は、

「よかったら、いつまででも、いてください」

ということになりました。しかし、その年は数日後、母が病気だとの電報をもらい、急に帰ることになりましたが、これが縁《えん》となり、その翌年の夏からは、寺の方から心あたたかいお招《まね》きをいただき、大学を卒業するまで前後七年間、毎年の夏休みは、このお寺で過ごすことになりました。時とともに、私は寺ではほと

んど絶対《ぜったい》というほどの信頼《しんらい》をいただき、第二年目の夏休みからは、いつとはなしに、「こうちゃま」という愛称《あいしょう》で呼ばれることになり、今も兄弟づきあいをしておる当時の寺の子供の方々からは、われわれだけになると、

「こうちゃま」と呼ばれたりしています。

考えてみると、すべてはまったく一つの物語りのような話で、どうしてこういうことになったのかは、私にも分かりません。

そのころは、肺結核患者《はいけっかくかんじゃ》などで、療養《りょうよう》の目的で来るものがあり、寺では、初め、そんなこともこわがっていられたようでした。しかし、応対《おうたい》に出たばあやのひたむきな同情や、浜で一緒《いっしょ》に遊んだ子供達の応援《おうえん》などが、何よりもまず、この不思《ふし》議《ぎ》な因縁《いんねん》の幕を開いてくれたようです。若い日、何ものにもとらわれずに静かに考え、深く勉強するには、このへんぴな海岸の西遊寺ほどよい所はなかったろうと今でも思います。

花園への小道

年ごとに読む本や考える対象《たいしょう》は少しずつ変わって行きますが、私は毎朝四時に起きて、がき大将《だいしょう》になって海で遊ぶ真昼《まひる》の時以外は、おおむね勉強に費《ついや》したのであります。この寺で読んだ本は、まったく種々様々《しゅじゅさまざま》で、親鸞《しんらん》、良寛《りょうかん》、論語《ろんご》、孟子《もうし》、バイブル、またルナンの「ヤソ伝」やアシジの聖《せい》フランシスの「小さき花」、さらに聖フランシス、ベートーベン、ミレー、ゴッホ、レオナルド・ダ・ビンチ、パスツール、チャーチル、マルクス、エンゲルス、リビングストン、ダーウィン、リスタ等々、とても一々数えきれませんが、主として伝記類や古典《こてん》、哲学《てつがく》、宗《しゅう》教《きょう》の初歩のものなどでした。ただ変わっていたのは、学校での勉強には休暇《きゅうか》中は一切《いっさい》ふれず、もっと広く人間的成長を心がけていたことです。この西遊寺時代は、私の生涯《しょうがい》でも最も楽しい、みのりの多かった時代です。

特に伝記には今でも私は非常な興味《きょうみ》を持っておりますが、これは悩《なや》める日の最良の友として、心からおすすめいたします。もっとも伝記でも、その人の欠点までも見ていないようなものはつまらないもので、伝記のおもしろさは、むしろ、どうして欠点や悪条件をきりぬけてたくましい人間になるかというところにあるのだと思います。通り抜《ぬ》けた欠点は、もはや単なる欠点ではなく、むしろ、花園への奥行きのある小道なのです。

だいぶ話が、横道へそれましたが大学入学後の生活にかえりましょう。

笑いのある努力

すでにのべたように私の大学の一学期は、現実の中で自らを見失うような一学期でしたが、さいわいベートーベンの呼びかけによって、人事不省《じんじふせい》から目が覚《さ》めました。そして大学一年の二学期の始まる一月からは、高校でたてた初めの計画はすてて、この基本計画に最も近い方針で、必ずやりとおそう、と、固《かた》く決心しました。そして具体的には、実習には出るが講義《こうぎ》には出ず、そのかわり原書《げんしょ》を読むことに専念《せんねん》することにしました。担当教授《たんとうきょうじゅ》の示された原書《げんしょ》の参考書によると、一月から六月まで読むべきものは約三千ページでした。

私はまずこまかな予定を立てました。朝は、二時に起床、夜は九時終了の予定でしたが、予定のページがすむまでは、寝ないことにいたしました。食事は、朝は下宿《げしゅく》でパンとミルク、昼と夜は外へ食べに出ました。

私は、改変《かいへん》されたこの予定は、絶対《ぜったい》に守る覚悟《かくご》でしたが、それには、予定のたて方が非常に大切であります。三日坊主《ぼうず》になるかどうかは、一にかかって予定のたて方にあるとも言われましょう。まず、予定は、自分の実力以内でたてることです。一時間に一ページを読める力があるならば、予定はその三分の二か、時には半分ぐらいにしておくのです。また、一カ月は三十日ありますが、病気や突発《とっぱつ》の用事などもあるので、ひと月は二十四、五日ぐらいにしておき、十分自分の体力も考慮《こうりょ》に入れておくのです。

そういう風《ふう》に余裕《よゆう》のある予定を立てて実行すれば、案外《あんがい》予定の達成《たっせい》も楽しく、時には予定よりも前に出るようなこともあり、そうなれば希望が先に立って、むしろ疲《つか》れを忘れるぐらいです。日をいからしたねじりハチ巻きのやり方などは、決して最善《さいぜん》の努力とはいえません。最善の努力というのは、あらゆる条件を考えて、いつまで続けても過労《かろう》がでず、努力の中に笑いがあるようなものだ、と思います。

ここで、ひとこと、つけ加えておきたいことは、私は決して人学の講義に出ないのがよい、などと言っておるのではなく、私が強調《きょうちょう》したいことは、自分のたてた予定は、いいかげんに捨《す》てたりせず、あくまでもこれを実現《じつげん》するよう自らに忠《ちゅう》実《じつ》でなければならぬ、ということを言っておるのです。

懇願《こんがん》の手紙

さて、大学卒業後のことですが、もともと父は、私を郷里《きょうり》の村へかえし、医師がなくて困《こま》っている村人のために医者をさせるつもりであり、私もまた心からそれを望んでいました。ところが、私には、クソ勉強で一つのことを頑張《がんば》ることはできるが、村の医者にふさわしく、臨床家《りんしょうか》として、あれやこれやと多面的《ためんてき》に考え、しかも調和的《ちょうわてき》にやることは、誠《まこと》にむずかしいことなのです。そういうことで、いろいろ熟慮《じゅくりょ》の末、私は性格《せいかく》上、卒業後も郷里《きょうり》には帰らず、そのまま大学に残って基礎《きそ》医学を研究したい、と考え、それを父に手紙で申し出ました。おそるおそる父からの返事を開いてみると、「それは、初めの目的と違《ちが》うではないか。できないのではなく、やらないのだ。やらないのは、お前の虚栄心《きょえいしん》ではないか。そうしたうわっ調子《ちょうし》の虚栄心で、大学へ残ることに、父は絶対《ぜったい》に反対である」とのことです。これはまったく父の方が正しいのです。しかし、私の考えは、決して虚栄心のためからではなく、鋭い自己反省《じこはんせい》の結果で、いわば私の私自身に対する第一次試験に落第《らくだい》して、第二の目標を立ててのことです。だが、父子の間がこういう状《じょう》態《たい》では心も落ちつかず、父と喧嘩状態《けんかじょうたい》のままで、研究生活に入ることは、私にはどうしてもできません。何日も、何日も考えた末、私は父に、「今後は一銭《せん》の送金もいりませんから、どうか、私が基礎医学《きそいがく》をやることだけは賛成《さんせい》していただきたい」と懇願《こんがん》の手紙を出しました。

やっと父から、「よろしい」とのお許《ゆる》しの返事がまいりました。

そういうしだいで、卒業前の十二月から、父はぷっつりと送金をたちました。

この時、私は一方では、非常《ひじょう》に困《こま》りました。が、しかし、他方《たほう》では、父はやっぱり偉《えら》いとつくづく感心しました。この父の理解《りかい》ある承諾《しょうだく》と、断固《だんこ》たる処置《しょち》は、研究者として出発する私の覚悟《かくご》に、いよいよ盤石《ばんじゃく》の重味《おもみ》を加えたのです。

人生はまわり道

仕送《しおく》り絶《た》えて

自分の生涯《しょうがい》の進路について、父の承諾《しょうだく》はなんとか取りつけたものの、約束《やくそく》通り、卒業前の十二月から父の送金は、一銭《せん》も来なくなりました。困《こま》りはてて、私はいちばん信頼《しんらい》している母校・府立二中の中山校長先生のところへ、お願いにでかけました。ところが、先生も、父の意見には全く賛成《さんせい》だとのことで、いよいよ弱りました。ここでも私はまた、性格《せいかく》上私は一事に精魂《せいこん》をこめてやる勉強ならできるが、幅《はば》広く応対《おうたい》せねばならぬ村医者は、無理だということをお話しし、研究さえできれば一生、助手でもよいから、性格に合った基礎《きそ》医学《いがく》の道を進みたい、と熱心に説明し、父の承諾を得《う》るために、十二月以後の仕送《しおく》りはいらぬと父に申し入れたことを報告しました。

すると、先生は、しばらく考えられた後で、「分かった。君がそこまで覚悟《かくご》しておるのならよろしい。じゃ、二中へ来給《たま》え。週に二度来なさい」と、いってくださいました。そして、「その時は、学生服で来てはいかんぞ。着物とハカマで来なさい」と付け加えられました。

二中では、初め私が希望していた博物《はくぶつ》も生理衛生《せいりえいせい》も、国語も先生の空席《くうせき》がなく、私は英語を教えることになりました。ところが、母校での先生の仕事はたいへん楽しく、これなら一生やってもよい、思ったほどでした。嘱託《しょくたく》でしたが、月給は五十円で、当時としてはまことに高給《こうきゅう》で、これもひとえに中山先生のお骨折りのおかげでした。

以上のように、卒業まぎわに多少のごたごたはありましたが、とにかく私は、大学を無事《ぶじ》に卒業し、直《ただ》ちに京大解剖《かいぼう》学教室の助手として勤《つと》めることになりました。私が特に解剖学教室をえらんだのは、そこには、当時、すでに世界的な足立《あだち》文太郎《ぶんたろう》先生や、若いがすぐれた小川睦之輔《おがわちかのすけ》先生や、舟岡省五《ふなおかしょうご》先生などがおられ、いずれも私が心から尊敬《そんけい》していた先生ばかりだったからです。

助手としては、私は、まことに気がきかず、何をやるにも時間のかかる要領《ようりょう》の悪い助手でした。しかし、それだけ、私はあくまでもまじめに文字通り一生懸命《いっしょうけんめい》にやりました。

一年生の解剖実習《かいぼうじっしゅう》は学生と一緒《いっしょ》にやるのですが、人体の構造《こうぞう》にはいろいろ個体的の変化などもあり、初めのころは学生にきかれても、なかなか答えられないようなことが沢山《たくさん》あります。そういう時も、私は、いい加減《かげん》の返事をしたり、ゴマ化《か》したりせず、大きな本を持ち込んで一緒にしらべたり、それでもわからなければ、翌日まで調べて答えるようにしました。面白《おもしろ》いもので、それが、学生たちの間で評判《ひょうばん》になり、「平沢先生は熱心で、いい加減《かげん》のことをいわれない」と、かえって信用を得《う》ることになり、恐縮《きょうしゅく》したものです。

二メートルの縁談断《えんだんことわ》り状《じょう》

文字通り、無我夢中《むがむちゅう》の卒業後の一年間でしたが、そのうちに私は、結核性《けっかくせい》の痔《じ》ろうになり、卒業翌年の六月から三カ月間、教室を休みました。九月に入って、教室へ出ると、ある日教室主任の舟岡先生からよび出しがあり、お伺《うかが》いすると、先生は、

「君を助教授《じょきょうじゅ》に推《すい》せんしたいと思うが、差《さ》しつかえは、ないだろうな」

とのお話です。全く突然《とつぜん》のことで、私は驚《おどろ》きました。だが、その場で

「ありがとうございますが、助手としても、私はまだまことに未熟《みじゅく》で恐縮《きょうしゅく》しています。できれば、このお話はもう少しお待ちをお願いしとうございます」

と、お答えしました。すると、先生は

「じゃ、二、三日よく考えてから、もう一度たしかな返事をしてくれ給《たま》え」

と、おっしゃいました。私はそのまま下がりましたが、しかし、ありのままの気持ちでお答えしておりますので、いくら考えても、私の答えに変わりはありません。家に帰って妻《つま》と相談しましたが、結論《けつろん》を出すのに五分とはかかりませんでした。結婚《けっこん》の際《さい》、私は、早い出世《しゅっせ》などということは、全然《ぜんぜん》考えておらないことを、妻に話しておいたからです。

私の結婚《けっこん》は、卒業の年の七月で、二十三歳のときでした。見合いでしたが、この結婚は初め私には全く話がなく、私が知った時は、話は大分進んでおりました。これは、私が研究生活をするので結婚しない、などと言っておりましたので、家人が心配してのことでしょう。しかし仲人《なこうど》がどんなことを言っているのかわからないので、すぐ私から先方へ直接《ちょくせつ》、手紙を出して、正直《しょうじき》に私の気持ちを述《の》べました。巻紙《まきがみ》で二メートルぐらいにもおよぶ長い毛筆《もうひつ》の手紙でした。こまかい内容は、もう忘れてしまいましたが、大体私はその中で私の欠点を十点ほどあげ、仲人がどんなにうまいことを言ったにしても、私自身の言葉《ことげ》の方が正しいこと、及び私の人生目標はあくまでも研究そのもので、金や出世《しゅっせ》などには、全然興味《ぜんぜんきょうみ》のない変人《へんじん》であることなどを述べ、更に世の中には多くの男性がおるのだから、すき好んで、わざわざ一生ひや飯《めし》や南京米《なんきんまい》を食う覚悟《かくご》をせねばならぬ結婚《けっこん》などは考えられぬ方がよいでしょう、などと書いたものでした。彼女の父母の学者好きなども加わって、結局話はまとまりましたが、この手紙は、私ももう一度見たい気持ちですが、妻もすでになくなり、どこにあるかわかりません。

助教授命令《じょきょうじゅめいれい》

話がちょっと横へそれましたが、助教授の件について、二、三日後、私は再《ふたた》び舟岡先生のところへ出てことわり申しあげました。

すると先生は、また
「そうか、もう一度、よく考え給《たま》え」

と、おっしゃるのです。しかし、私は、かけひきでお断《ことわ》りしているのではありませんから、何度考えても、答えは同じなのです。

しかし、先生のお言葉《ことば》ですから、私は、三度目におうかがいして、またご辞退《じたい》申し上げました。すると先生は、

「君はどうしても、助教授《じょきょうじゅ》にはならんというのですか」

と、少し気持ちを悪くしておられるようでした。私も何となく先生の、ご好意《こうい》を無《む》にするようで、申しわけなく思いましたが、

「もう少し勉強して、力がつくまでお許しを願いとう存《ぞん》じます」

と、お頼みしました。すると先生は突然《とつぜん》、

「命令《めいれい》なら、なるか？」

と、おっしゃいました。

私は教室を選ぶには十分慎重《しんちょう》に考えました。そして心から尊敬《そんけい》する先生ばかりなので解剖学《かいぼう》教室へはいったのです。だから私は、すぐはっきりと答えました。

「私は命令《めいれい》のきけない先生のおいでになる教室には、入《はい》っておりません。よくわかりました。命令ならなります」

すると先生は、

「命令ですっ!!」

と、もう一度はっきりおっしゃいました。

「命令」、といわれれば、お受けするより仕方《しかた》がなく、私はお受けして引きさがりましたが、そのときの気持ちは、うれしいなどというものではなく、何か、ただひどく肩《かた》の重さを感じるばかりでした。

新潟から外国留学《りゅうがく》へ

その翌年、私は新潟医科大学から声がかかり、助教授《じょきょうじゅ》として赴任《ふにん》することになりました。大正十五年、二十五歳の春でした。五月の新潟は新緑《しんりょく》にもえ、なつかしい信濃川は雪解《ど》けの水を満々《まんまん》とたたえていました。

その赴任の時の約束によって、私は昭和三年一月、文部省の海外研究生として、欧米《おうべい》へ旅立ちましたが、研究したのは主として、スイスのチューリッヒ大学の脳《のう》解剖《かいぼう》研究所と、ドイツ・ミュンヘンのドイツ精神神経学《せいしんしんけい》研究所でした。

まずチューリッヒの研究所へ行きましたが、ここには、当時七十四歳の前所長モナコフ先生がおられました。先生は当時この方面の世界的権威《けんい》でしたので、留《りゅう》学《がく》に先だち、私はまず先生に、大体次のような意味のお手紙を差《さ》し上げました。

「私は、これから神経学《しんけいがく》を生涯《しょうがい》の専門《せんもん》にしたいと思っている若い学徒《がくと》でございますが、何とか先生の所で勉強ができたらと願っておるものでございます。しかし、まだほとんど素人《しろうと》でありますから、神経学の基礎《きそ》をできるだけひろく、しっかりと身につけたいと存《ぞん》じます。つきましては、まことに勝手《かって》ではありますが、せまい問題についての研究などはせず、貴《き》研究所所蔵《しょぞう》の世界的標本《ひょうほん》について全く自由に勉強させてもらいたいと思います。もっとも、分からぬことや疑問《ぎもん》の点などについては、ぜひお教えを願いたいと存じます。もとよりこんなことはあまりにもわがまま勝手のお願いだとは存じますが、もしお許しいただければ、これに越《こ》した喜びはございません……」

若げのいたりで、こんな手紙を出すには出したものの、考えれば考えるほど、身勝手《みがって》のお願いで、お叱《しか》りを受けるのではないか、としだいに心配になりました。ところが、そこへ温情《おんじょう》あふれる先生からのご返事がきたのです。急いで開いてみ

ると、

「君の考えている道こそが、ほんとうの研究者の道である。あくまでも、自《みず》ら考えて、仕事を進めることこそ、研究者にとって最も大切のことで、君の考えには私は全く大賛成《さんせい》である」

と、書かれてあるではありませんか。何という感動的なお言葉《ことば》でございましょう。私は青空のように晴々とした気持ちでチューリッヒへ旅立ちました。

脳天《のうてん》をぶんなぐられた…

研究所へ出てみると、先生は、もう定年《ていねん》で所長を退《しりぞ》いておられ、直接《ちょくせつ》研究の指導には、当たっておられませんでした。しかし、週に二、三回はやはり研究所へ見えられ、何かと研究生に言葉《ことば》をかけてくださいました。ところが、二カ月ほど経《た》ったある日、突然《とつぜん》私は、先生から、重大な注意を受けたのです。

この研究所には、ほとんど無数ともいうべき世界的標本《ひょうほん》がありますが、とても、予定の滞在《たいざい》一年ぐらいでは見切れません。そこで私は、できるだけ多くの標本が見たく、要点だけの大まかなスケッチをしていたのですが、先生はそうした私のスケッチをご覧《らん》になって、

「平沢君、君は、これで本当に標本《ひょうほん》がわかっているのかね」

と、おっしゃるのです。私が、

「先生、こまかなことは、頭で理解《りかい》しており、このスケッチはほんの備忘録《びぼうろく》なのです」

とお答えしたところ、先生ははっきりと、

「いや、私には、君がこの標本を、ほんとうにわかっているとは思われない。君はわかっているつもりであろうが、わかるとわかったつもりとは違《ちが》いますよ」

と、おっしゃるのです。

私は、二カ月、一生懸命《いっしょうけんめい》に標本を見つめて、描いてきたのです。そこへ、先生のこのおことばです。私は何かで脳天《のうてん》をぶんなぐられたような大きな衝撃《しょうげき》を受け、ふらふらするほど迷《まよ》いに迷いました。しかし、一週間ほどの間に次第に心もおちつき、やっと「よし、尊敬《そんけい》する先生の言われることだ。死んだつもりで、ひとつ言われる通りやってみよう」と覚悟を決めることができました。

それまで、私は標本《ひょうほん》をみる場合、大きな参考書をそばに置《お》いて、それと比較《ひかく》して見ていたのですが、それでは、どうしても参考書に頼《たよ》り過《す》ぎ、標本の細部まで、とらわれない自分自身の目で見ることがおろそかになるのです。これがいけなかったのです。本というものには、たとい大きなものでも、その時点までに、わかっていることだけしか書かれていないのです。

一大覚悟をした私は、研究室では参考書などはそばに置かず、徹底的《てっていてき》に、気持ちのすむまで、標本そのものをみることにいたしました。そして標本を顕微鏡《けんびきょう》でのぞきながら、見えるあらゆるものをそのまま描いてゆくのですが、こんな風にやると一枚の標本スケッチにも、初めは、三カ月もかかりました。しかし、慣《な》れというものは恐ろしいもので、しまいには、これを一週間位にまでちぢめることができるようになりました。

そして、先生のいわれる通りにやってみて、ここに驚《おどろ》くべき重大発見をしたのであります。それは標本そのものだけに全精神《ぜんせいしん》を傾《かたむ》けてよく見ると、必ずどんな大きな本でもふれられていないような新しいものが、書いてあるものの二倍も三倍も、時にはそれ以上も見えてくるということでありました。やはりモナコフ先生の言われることに嘘《うそ》はなかったのであります。

たしかに私が分かったと思ったのは、本当には分かったのではなく、分かったつもりに過《す》ぎなかったのです。私は標本《ひょうほん》そのものをどこまでも確実《かくじつ》に見ていたのではなく、本をたよりにして、ごく粗末《そまつ》に見ていたに過ぎなかったのです。こうしたモナコフ先生式の見方で見れば、ただ一枚の標本だけでも、その部分については、学界ではどこまで分かっているのか、という学界の最高峯《ほう》の高さまでもわかることにもなるのであります。

最初に朝から晩まで三カ月もかかってかいたスケッチは、先生も大変ほめて下さいました。そして先生は、

「平沢君、今度は本当にわかったね。一枚の標本《ひょうほん》を見るにも、自分が世界ではじめて見るのだというぐらいのつもりで見ねばならぬ。君がはじめ、わかったと思ったのはせいぜい、本に書いてある程度《ていど》のことで実物についての事実そのものではない。本当にわかる、と、わかったつもり、とは違《ちが》うということも、わかったでしょう。この元気で続けなさい」

などとほめたり、励《はげ》ましたりして下さい。これは私にとって、生涯《しょうがい》忘れがたい

すばらしい教訓《きょうくん》でした。

「わかった」と「わかったつもり」の思い違《ちが》いはただ研究の世界だけではなく、われわれの日常生活にも、いくらでもあることで、何ごとについてもいえることであります。経験《けいけん》の深いすぐれた人の言動《げんどう》などに対しては、われわれはよく考えて、あまり安っぽくわかったつもりにならず、本当にわかるようになりたいと思うのです。どうも、近ごろは内外ともに、わかったつもりが多くなりつつあるようですが、そうしたところでは決して、正しい文化はなかろうと思います。年ごとに私にはモナコフ先生のお言葉《ことば》の意味が深みをましてくるのです。

人生のめぐりあい

私には、後でわかったことですが、実はモナコフ先生には、長くその下で教えをうけられたような狭《せま》い意味での師《し》というものはなく、苦しい環境《かんきょう》の中で、ほとんど自力で研究を進められた自主独立《じしゅどくりつ》の方で、ただ脳《のう》研究者としてだけではなく、一人の人間として、全人的あり方に多くの示唆《しさ》を与えてもらいましたが、そういう先生にめぐりあえたことは、何としても私には、大きなしあわせでありました。
欧米《おうべい》の留学《りゅうがく》は二十七歳から二十九歳で、私が学んだのは、何よりもまず専門のことですが、しかし、これに劣《おと》らぬほど大きな影響《えいきょう》をうけたのは、人間いかにあるべきかという問題、殊《こと》に日本と日本人としてのあり方などであり、これらについては書きたいことは余りにも多いのですが、
ここではすべてを略《りゃく》します。
日本へ帰ったのは昭和五年の春でしたが、そこで新潟医大教授《きょうじゅ》になり、昭和二十一年七月再《ふたた》び京大に転《てん》ずるまで、助教授《じょきょうじゅ》、外国留学《りゅうがく》を合わせて、私の二十五歳から四十五歳までの満二十年間新潟大学で楽しい時をおくったのでありました。

昭和18年代　新潟医大解剖学教室講堂　画

この新潟医大の二十年こそは、私の生涯《しょうがい》にとって最も記念すべき黄金時代で、私はここで青年期から壮年《そうねん》期に達したわけです。

研究と学生の中に埋《うず》もれた新潟時代

タンカに乗せられ

二十五歳から四十五歳までの新潟時代は、一人の人間としても、研究者としても、また教授《きょうじゅ》としても、私の若い情熱《じょうねつ》を傾《かたむ》け尽《つ》くした時代で、教室での実り多い研究、学生の中にとけこんだ生活など、書きたいことは余りにも多いのですが、とてもそれだけの余裕《よゆう》はないので、ここでは、ただ三、四の思い出に触《ふ》れるに止《と》どめます。

毎年初夏に行われた大学の運動会などには、ただ職員のみならず、その家族も加わり、楽しい一日でしたが、平素謹厳《へいそきんげん》な先生の走り姿などは、そのまま一幅《いっぷく》の漫画《まんが》でした。

また、大学には毎年創立記念日の式典《しきてん》があり、その後には、職員、学生合同の祝賀会《しゅくがかい》があり、思い思いに飲みたいだけ飲み、食べたいだけ食べて、喜びあったものです。これは多くは沼垂《ぬったり》のチューリップ園などで行われましたが、実に楽しく、この日ばかりは、飲めない人は損《そん》をするような感じでした。

私は昔から酒そのものには、それほど興味《きょうみ》がなく、独《ひと》りで晩酌《ばんしゃく》などやったことはないのですが、しかし、酒で醸《かも》し出されるふん囲気《いき》は大好きで、酒は昔は相当強かったものでした。昔から私は二、三杯《ばい》飲んだだけですぐ、まっかになり、それから先は、いくら飲んでもただ愉快《ゆかい》になるだけで、人から見ると、ちょっと飲んだ様子も、うんと飲んだ様子も、あまり変わらぬように見えたそうです。学生たちは、私を随分《ずいぶん》飲んべいだと考えていたようで、授業や実習などでは、まことにやかましい私が、少し酒がはいると、まるで人が変わったように明るくなるので、酒の場などでは、学生たちはさかんに私に酒をすすめました。

チューリップ園でのある年の創立記念日の園遊会《えんゆうかい》のことでした。数人の学生が、はじめから盛んに私に酒をすすめるのです。そして、そのあげく、どうしても私を、タンカで沼垂《ぬったり》から松波町の家まで送るというのです。この日も、私の顔はまるで酒《しゅ》てん童子《どうじ》のようにまっかでしたが、それほど酔《よ》っておるわけではなく、一応は、かんべんしてくれ、と断《ことわ》りました。しかし、学生たちは、「先生、どうしても乗ってください。今日は先生をタンカでお送りするのを楽しみにやって来たのです」と言ってきかないのです。ついに私も茶目《ちゃめっ》けを出し、タンカに乗って三キロほどもある道を、家まで送ってもらいました。途中《とちゅう》はすっかり眠ってしまいましたが、家につくと、また起きて学生諸君と大いにメートルをあげ、その一日は徹底的《てっていてき》に楽しみました。後で考えると、いかにも狂気《きょうき》の沙汰《さた》ですが、別に街《まち》ゆく人もそれを怪しみもせず、学生も私も全く一つにとけてやったことで、つくづくよい時代であったと感ぜずにはおられません。

前代未聞《ぜんだいみもん》の珍《ちん》プレー

もう一つ、すぐ思い出すのは、入学したばかりの一年生のクラス会のことです。大体これは夏休み前のようでしたが、二学期のはじめのこともあったかも知れません。これは学生同士の初顔合わせが主な目的でしたが、一つには教官との顔つなぎのような意味もあり、よく私は招《まね》かれて参りました。学生の会ですから、質素《しっそ》で、ご馳走《ちそう》などは何もありませんでしたが、酒だけは相当用意していたようです。なにしろまだ大学へは入学したばかりなので、高校生気分がぬけておらず、酔《よ》うほどに各自の芸を出したり、デカンショ節をうたったりなどする無邪気《むじゃき》の会でしたが、無芸《むげい》の私も飲むだけは負けずに飲み、大いに談《だん》じたものです。こんな時、「君の顔は教室では見ないネ。明日からは講義《こうぎ》へも出て来給《たま》え」などというと、面白《おもしろ》いもので、ほとんど百パーセント出て来たものです。また、そんなとき、何げなく言った言葉《ことば》は、学生たちは実によく覚《おぼ》えていて、後年、同窓会《どうそうかい》などで会うと、かつての学生からそんな話を聞かされ、今はすでに立派《りっぱ》な社会人になっている人々が、そんな事まで覚《おぼ》えていてくれたのかと思うと、むしろこちらが、高い次元《じげん》で何かを教わるようで恐縮し、心ひそかに拝《おが》まずにはおれないのです。

もう一つ、ここでその後長く話題となった新潟での私の失敗談をつけ加えておきましょう。それは野球の試合についてであります。多分、昭和十二、三年ごろだったかと思いますが、基礎《きそ》教室で野球の親善《しんぜん》試合をやろうということになり、それには教室員のみならず、必ず教授《きょうじゅ》も出るということになったのであります。当時私は三十七、八歳ぐらいかと思いますが、実は私はそれまで野球を知らずに過《す》ごしていたので、この試合に出ることでは全く弱りました。事情を述《の》べて、出ずにすむようお願いしましたが、許されず、そのかわり、各ベースごとに教室か

ら人を出して走れとか、とまれとかいうから、その通りにやれ、ということで、とうとう出たのです。ところが、どう間違《まちが》えたか、私が二塁《るい》から一塁へ走り出したのです。それまで耳をつんざくような応援《おうえん》や、やじがあったのですが、あきれたのか、その瞬間《しゅんかん》、球場が急にシーンとなったのです。初め私には何のことか、さっぱり分かりませんでしたが、やがて、それが分かると、全く穴《あな》へでもかくれたいような気持ちでした。とにかく、それで私は許されて、代理《だいり》が出ることになりました。こんな非常識《ひじょうしき》は今日では恐《おそ》らくだれも想像《そうぞう》もできないでしょうが、私自身も余りに非常識だと思います。こうした私の無知《むち》は決して自慢《じまん》になることではなく、強く私の一面性を反省しておりますが、しかし、他面またよく考えると、これは私が学生時代、勉学そのものに全精力《ぜんせいりょく》を傾《かたむ》けて、あえて他を省《かえり》みず、野球さえも知らずにすごしたということにほかならぬので、今では行くべき自らの道を守り通した自己の愚《おろ》かさに対して、私自身、私にいたわりのほほえみをおくりたいともおもうのであります。だが一面性とか、偏狭《へんきょう》さは決して誇《ほこ》り得《う》るものではなく、今後とも私は私自身十分心をくばって行きたいと思います。なお野球についでは、その後、人から教《おそ》わって、今では一通りのことは分かるようになりました。

夜なかまでいた研究室

さて、まのぬけたような事ばかり述《の》べましたが、私の新潟時代は決してそんな事だけで、終わったのではなく、この時代こそが、私が思う存分精魂《ぞんぶんせいこん》を傾《かたむ》けて研究したすばらしい時代であります。そのころ、私は研究室へは朝は必ず七時十分ぐらい前までに出かけ、夜は通常十時ぐらいまでおりましたが、時には朝は五時ごろから出かけたり、夜も十二時、あるいは更《さら》に朝の二時ごろまでおったことも、そう珍《めずら》しくはありませんでした。しかし、それは私自身のことで、研究は能率《のうりつ》第一ですから、研究生を時間的にしばるようなことはせず、各自もっとも研究に都《つ》合《ごう》がよいように、全く自由にしておきました。

研究を除けば、私の教室は、のびのびとしており、たとえば昼食なども、用務員以上教室員全部が一緒《いっしょ》にたべたり、また一緒にハイキングに出かけたりなどしておりました。しかし、どうしたことか、研究そのものについては、私は私自身に対しても、また研究生に対しても、どうにもならぬほどきびしい人間で、この点では研究生の方々も、ずいぶん苦労《くろう》されたことと思います。しかし、それはあくまでも研究そのものについてのことで、決して人間に対して、とやかく言っておるのではなく、研究のことを離《はな》れれば、まことにからりとしたものでしたが、時とともに研究生諸君も、よくそれを理解《りかい》して、へこたれずに研究してくれ、まことにありがたいことだと思っております。殊《こと》に私にとって最大の幸福は、私の最初の助手であった小池上春芳博士《こいけがみはるよし》が間もなく助教授《じょきょうじゅ》となられ、私の新潟時代の全期間を通して、誠心誠意《せいしんせいい》、助けて下されたことで、この小池上博士こそは私の片腕《かたうで》、いな両腕《りょううで》とも申すべき人で、まことに謝《しゃ》すべき言葉《ことば》もないのであります。

新潟医大での私の研究は、留学《りゅうがく》前と留学後とに分けられますが、留学前のものは、京都時代からの続きで、日本人の上肢神経《じょうししんけい》の人類学的研究で、これは私の学《がく》位論文《いろんぶん》となり、ドイツの教科書などにも引用《いんよう》されることになりました。

脳脊髄《のうせきずい》内の運動神経路《しんけいろ》

留学から帰ってからの研究は、全く私自身の考えで進めたもので、いろいろありますが、最も力を尽くしたものは、脳脊髄内の運動神経路の研究であります。筋肉《きんにく》(骨格筋《こっかくきん》)への運動神経路は、大別《たいべつ》すると錐体路《すいたいろ》と錐体外路《すいたいがいろ》との二種になりますが、以前は運動神経路《しんけいろ》といえば、錐体路《すいたいろ》だけで、これさえあれば、どんな運動も自由にできるかのように考えられていました。ところが錐体路が切断《せつだん》されるような病気でも、とんでもない時に、手や足が動いたりするので、どうも運動神経路は錐体路だけでなく、ほかにもあるらしいということになり、研究の結果、たしかにそういうものが、あることが明らかとなり、これらを総括《そうかつ》して錐体外路《すいたいがいろ》と呼ぶことになったのであります。

しかし、私が研究を始めた当時は、まだ錐体外路はごく少数で、それを出す脳《のう》部《ぶ》もごく限られた狭《せま》い部分だと考えられていたのであります。しかし、私は脳脊《のうせき》髄《ずい》の解剖《かいぼう》学的研究から見て、決してそうではなく、錐体外路はむしろ脳脊髄の全《ぜん》領域《りょういき》にわたって存《そん》することを提唱《ていしょう》し、更《さら》にこれを五種に分類いたしました。そして一般的には錐体路はごく普通の運動神経路だが、錐体外路は特殊《とくしゅ》のものだという風に考えられていましたが、実はちょうど逆《ぎゃく》で、錐体外路《すいたいがいろ》こそは、魚類以上のすべての動物にあるごく普通のものだが、錐体路は特別のもので、哺乳類《ほにゅうるい》のみにしか存《そん》せず、人間において最高の発育《はついく》を遂《と》げるものであることなどを注意し、従来《じゅうらい》の誤《あやま》りを正しました。

そして錐体外路の中でも、特にその一種たる皮質《ひしつ》錐体外路に主力を注いで、協同《きょうどう》研究者と共に長年その実験的研究を行ったのであります。皮質錐体外路とは精神中枢《せいしんちゅうすう》が存在《そんざい》する大脳《だいのう》表面から出る錐体外路のことですが、かかるものの解剖学《かいぼうがく》的証明《てきしょうめい》は、なお従来極《きわ》めて不十分だったのでありますが、われわれの系統的《けいとうてき》研究でその確証《かくしょう》が与えられ、その詳細《しょうさい》が明らかになったのであります。昭和二十六年の学士院賞《がくしいんしょう》は、この研究に対するものですが、その大部分は新潟時代に行われた研究であります。

外国から注目されて

筋肉《きんにく》（骨格筋《こっかくきん》）の随意《ずいい》運動などというと、すべてが思うままに、即《すなわ》ち随意的に行われるように思われますが、決してそうではなく、随意運動も、実は随意的の部分と不随意的の部分の二部から成っておるのであります。たとえば手を上げようというような意志の命令《めいれい》は随意的で、錐体路《すいたいろ》によって筋肉に伝えられますが、その時、運動に参加する多数に筋肉の中で、どれをどのように動かして目的の運動を行うかというようなことは、すべてわれわれの知らぬ間に不随意的、機械的《きかいてき》に錐体外路《すいたいがいろ》の世話によって行われるのであります。すなわちいわゆる随意運動は、表役者《おもてやくしゃ》たる錐体路と裏役者《うらやくしゃ》たる錐体外路の両者の協力《きょうりょく》によって、はじめてうまく行くのでありまして、健康状態《じょうたい》では、この両者は二役者だということがわからぬほど全く完全に協調《きょうちょう》して働くのですが、ある種の病気ではこの協調がうまく行かず、動かそうという命令《めいれい》は、錐体路《すいたいろ》によって筋肉に伝えられても、錐体外路《すいたいがいろ》の故障《こしょう》のために不随意的《ふずいいてき》の部分がうまく行かず、結局、思うように運動することが出来なくなります。

われわれがこの研究に着手した初めの十年間ぐらいは、われわれの研究は日本の学界では、ほとんど無視《むし》され、学会などでも虚空《こくう》に向かって叫《さけ》んでいるような感じでした。しかし、ベルリン大学のスティベ教授《きょうじゅ》の支援《しえん》や、イタリアのカスタルジ教授の学会特別講演《こうえん》における紹介などで、しだいに外国から注目され始め、日本でもようやく学界の関心《かんしん》を得《う》るようになったのであります。

科学史が語るように、やはり、研究の世界でも、多少の運不運《うんふうん》はあります。しかし、研究は何も有名になるとか、賞をもらうためにやるのではなく、あくまでも真理探究《しんりたんきゅう》とその興味《きょうみ》のために進めるもので、その意味では真の研究には要領《ようりょう》よく先を急ぐ賢《かしこ》さなどよりも、むしろあくまでも真実《しんじつ》そのものに頭をさげて進む愚《おろ》かさの方が、より重要のように思われます。

錐体路《すいたいろ》や錐体外路《すいたいがいろ》については、まだ述《の》べたいことが山ほどありますが、あまりに専門的になりますので、ここでは略《りゃく》しましょう。

新潟よ、ありがとう

新潟医大では当時、中田瑞穂《みずほ》教授《きょうじゅ》を始め、柴田経一郎《しばたつねいちろう》教授、鳥居恵二《とりいけいじ》教授など、神経学《しんけい》に興味《きょうみ》と熱意《ねつい》を持たれる教授が多く、これらの諸《しょ》教授を中心として神経懇《しんけいこん》話会《わかい》がつくられ、毎月一回集まって、知見《ちけん》の交換《こうかん》をしておりましたが、これは私には、まことにありがたく、よい会でありました。当時、関係の諸《しょ》教授は、もうほとんど故人《こじん》となられましたが、うれしいことに、中田先生だけは、日本学会の至宝《しほう》として、まだお元気《(注)》でおられます。私はここに先生に心からの感謝を捧《ささ》げ、いよいよ先生のご自愛《じあい》をお祈りしてやみません。

私はほんとうに学生が好きで、「あなたの趣味《しゅみ》は？」と聞かれれば、「学生諸君《しょくん》との楽しい生活」と答えたいぐらいです。新潟時代は若さもあって、私は研究を除けば、学生の中に埋《うず》もれていたと言ってもよいでしょう。これについてはほとんど無限《むげん》ともいうべき材料がありますが、紙数の都合《つごう》ですべて略《りゃく》します。すでに野球試合の失敗談で述《の》べたように、私はスポーツなどには全く無能《むのう》な人間ですが、そういう私が新潟医大で、学生とともに卓球部《たっきゅうぶ》や籠球部《ろうきゅうぶ》などを創設《そうせつ》して、その初代部長になったのも、そんな関係からだと思います。

卓球《たっきゅう》の全国試合に出て、はじめて卓球らしい卓球を見て驚《おどろ》いたり、籠球部《ろうきゅうぶ》の遠《えん》征《せい》で学生諸君《しょくん》と安宿《やすやど》にとまり、試合後、勝利の酒に酔《よ》って、おへそのまわりに落《らく》書《が》きされたりなど、いろいろのことがありましたが、すべてはつい昨日のことのように思われます。

もとより新潟時代にもいろいろ困《こま》ったことや、苦しいこともありました。しかし、ふしぎなもので、時の濾過器《ろかき》を通して見ると、今は、そういうことまでが、すべて色どりをかえて美しくなり、感謝につながるのです。新潟時代こそは、私には正に裸《はだか》のままの時代で、思い出すごとに、「新潟よ、ありがとう」と叫《さけ》びたくなるのです。

（注　中田瑞穂先生は、昭和五十年八月十八日に永眠されました）

京の田《い》舎《なか》びと

京大総長《そうちょう》の来新

研究と学生の中に埋《うず》まっていた新潟時代は、私には全く楽しい時代で、他の大学へ転《てん》じたいなどと考えたことはただの一度もなく、京大から話があった時も、例外ではありませんでした。昭和二十一年の五月から六月にかけて、京大からは医学部長、同僚《どうりょう》教授《きょうじゅ》などが何度も見え、最後にはついに鳥養総長《とりがいそうちょう》がお見えになりました。周知《しゅうち》のごとく、原則として学部教授の選考は学部でやるのですが、京大医学部ではいろいろ考えた末、ついに総長までも動かして、当時まだ弁当持参《べんとうじさん》で破《やぶ》れ窓時代の汽車で総長を新潟まで送ることにしたのです。京大転任《てんにん》は私のみならず、家族も親類《しんるい》もことごとく反対だったのですが、情理《じょうり》をつくしての総長《そうちょう》の熱《ねつ》意《い》には全く困《こま》り、「子供も多く住宅もないでしょう」などと言ったところ、総長は言下《げんか》に「それには総長官舎《かんしゃ》をあけて用意している」と言われて、二の句がつげず、最後には頭をさげるほかなく、結局、私は京大へ転《てん》ずることになりました。しかし、この時のことを思うと、今もなお、私は何か心に重いものを感じるのであります。

妙《みょう》なことで、私はその年七月京大赴任《ふにん》と同時に、平教授《ひらきょうじゅ》で総長官舎へはいることになりましたが、京大でも平教授が総長官舎にはいったのは、これが初めてで、恐らく終わりでありましょう。

母校のことですから、京都へ移《うつ》っても、知っておる者も多く、そういう面では苦労しませんでした。殊《こと》に三教授がやめられて前途《ぜんと》を案《あん》じていた解剖《かいぼう》学教室では、全教室をあげて私の赴任《ふにん》を心から喜んでくれ、新潟医大赴任前、京大での私の最初の講義《こうぎ》をきいた堀井助教授《ほりいじょきょうじゅ》などもおられて、誠心誠意《せいしんせいい》、献身的《けんしんてき》な協力をして戴《いただ》き、全く感激《かんげき》したものであります。新潟時代も終わりごろは、学生主事とか、新潟市の文化事業などにひっぱり出され、なかなか雑用《ざつよう》に時間をとられたので、京都へ移《うつ》ったら、もう一度昔のように研究そのものに没頭《ぼっとう》したいと願っていました。しかし、本来三教授のところ、とりあえず教授は私一人なので、何かと忙《いそが》しく、それに京都転任《てんにん》の翌々二十三年には、付属医学専門部長、更《さら》にその翌年の二十四年から二十六年までは、初代の京大分校主事《しゅじ》（後の教養部長《きょうようぶちょう》）などを命《めい》ぜられ、京大転任後もほとんどゆっくり息をする暇《ひま》などはありませんでした。

もっとも、京大転任後の翌年一年だけは、まだ何とか工面《くめん》をして、同好《どうこう》の士《し》に、神経学《しんけいがく》の特別講義《とくべつこうぎ》をやりましたが、参加者は基礎臨床《きそりんしょう》の助教授や講師《こうし》が主で、例《れい》外的《がいてき》に助手なども混《まじ》っており、全部で十五、六名ぐらいでありました。実際の脳《のう》標本《ひょうほん》について、各自が精密《せいみつ》なスケッチをした後で行う講義で、参加者もかなり苦しかったと思われますが、しかし、大変ためになった、と大いに感謝され、私にとっても楽しい時間でありました。

その参加者はその後ほとんど大学教授《きょうじゅ》になられ、一部はすでに名誉《めいよ》教授になっておられます。

義憤《ぎふん》を感じて教養《きょうよう》部長に

京大へ帰って、私が最《もっと》も鍛《きた》えられたのは、教養部長としてであります。この教養部は、昭和二十四年新制大学の発足《ほっそく》とともに設《もう》けられたもので、同年九月から開校することになっていました。京大でも鳥養《とりがい》総長《そうちょう》は、すでに某教授《ぼうきょうじゅ》に教養《きょうよう》部長たるべき内諾《ないだく》を得《え》ておられたのだそうですが、その人が種々《しゅじゅ》の事情《じじょう》で辞退《じたい》されることになり、総長はこの人事《じんじ》には随分《ずいぶん》苦労されたようであります。六月のある日、総長はわざわざ私のところへ見えて、つぶさに、その事情を述《の》べられた後、ぜひ私にこの教養部長をひきうけるようにとのお話であります。私はまだ京大に転《てん》じたばかりで、全学の事情などは全く分からず、固く お断《ことわ》り申しあげました。

しかし、総長からのお頼みは、ますます強くなるばかりであり、私はやるにしても、教養部長は医学部教授との兼任《けんにん》なので、正直《しょうじき》に経過《けいか》を述べて医学部教授会の意見をききました。医学部教授会の大勢《たいせい》は、否定的《ひていてき》で、「君はまだ来たばかりで、教養部には何の責任《せきにん》もない。あえて火中のクリを拾《ひろ》うようなことはやめて、医学部のために働いてもらいたい」ということでありました。教授たちの私に対する切々《せつせつ》たる好意《こうい》と友情は、たしかに一面では私の心に訴《うった》えるものがありました。しかし、私は他面《ためん》、京大に対する責任《せきにん》を感じ、また総長《そうちょう》だけにご苦労をかけることに義憤《ぎふん》のようなものを感じて、むしろ次第に最善《さいぜん》をつくして総長をお助けしようというような気持ちになりました。そこで、私は教授会に対して「各位《かくい》の私に対する温《あたた》かいご友情には厚《あつ》くお礼申しあげます。しかし、お困《こま》りの総長を見ながら逃《に》げるようなことは、どうも私にはできかねます。もとより、うまくやれるなどという自信は、全くありませんが、もしうまく行かなければ、自らの不徳《ふとく》とあきらめて、私は潔《いさぎよ》く、大学を退《しりぞ》く覚悟《かくご》でございます。私は今日まで長い間国のおかげで留学《りゅうがく》したり、研究したりして参りましたので、万一そういうことになっても、決して後悔《こうかい》は致《いた》しません。しかし、大学にも、医学部にもそうしたご迷《めい》惑《わく》をかけないよう、最善《さいぜん》の努力をいたす覚悟《かくご》でございます。どうぞ、よろしくお願い申しあげます」と言って、教授会の同意をお頼みいたしました。積極的《せっきょくてき》の賛《さん》成《せい》はありませんでしたが、本人がその覚悟なら仕方《しかた》があるまい、というのがその時の空気でした。

この教養《きょうよう》部長就任《しゅうにん》は、たしかに私にとって、一方ではイバラの道でありました。正式の就任前に、既《すで》に教養部の教授《きょうじゅ》代表から面会《めんかい》の申しこみがあって、会いましたが、代表たちがいうには「教養部の意見を全然《ぜんぜん》きかずに、総長《そうちょう》が独断《どくだん》できめた教養部長には、教養部は絶対《ぜったい》反対であります。ただし、われわれは平沢教授個人に反対しているものではありません」とのことでありました。私は「諸君《しょくん》の言われることは、よく分かります。原則論《げんそくろん》としては、私も個人的には諸君と同じ考えで、教養部長の決定には、当然何らかの形で教養部も参加すべきであると思います。しかし、今回は、私は既《すで》に総長《そうちょう》に対して教養《きょうよう》部長の就任《しゅうにん》を承諾《しょうだく》していますから、この度《たび》のことは、ぜひご了解《りょうかい》を願いたいと思います。そのかわり私の後任選《こうにんせん》考《こう》の時には、必ず教養部の意志を尊重するお約束をします」と申しあげました。なお、ちょうどよい機会でもありますので、私は教養部の将来について、率直《そっちょく》に私の夢を語りましたが、さいわい私の気持ちは、代表の方々にもよく通じて、大変うれしゅうございました。

おもしろい若い教授

こんなことで、教養部長の前途《ぜんと》は、まことに多難《たなん》だと思いましたが、しかし、他面《ためん》、教養部には各領域《りょういき》の専門学者がおり、議論《ぎろん》はたとい激《はげ》しくとも、一学部のそれとは自《おのずか》ら異なり、広くかつ深いものがあり、公明正大な気持ちで対処《たいしょ》すれば、自ら正しい結論《けつろん》に達し、教養部長の二年は、私にとっては、牛涯《しょうがい》に二度とない開眼《かいがん》の時期で、実に多くのことを教《おそ》わりました。

教養部長になって、一年後にこんなことがありました。頭のよい二人の若い教授《きょう》が、互《たが》いに組んで、のろい私に圧《あつ》を加《くわ》えて、仕事の促進《そくしん》を計《はか》ろうと企《くわだ》てていたのです。この二人は別々に、実によくやって来て策《さく》をのべたり、議論《ぎろん》をしたりしましたが、決してかくれて、こそこそ事を進めるようなけちな事はしませんでした。バカ正直《しょうじき》な私は決して根気まけをせず、徹底的《てっていてき》に私の信ずるところを述《の》べて、議論をしたものですが、時には二人に話すことが、数字からたとえ話までも同じようなことがあり、二人はむしろ私のバカ正直と根気よさにあきれたもののようです。

そこで、一年後のある日、その中の一人が来て、それまでの一切《いっさい》のことを正直《しょうじき》に述《の》べ、最後に「われわれは先生の正直さと根気には感心しました。今後は一つ、議論《ぎろん》だけではなく、先生の手足になって働きますから、どうぞ、思う存分《ぞんぶん》使って下さい」と言うのである。

そこで、私は、「有難《ありがと》う。君たちの協力には感謝します。しかし、君ら二人だけにお願いするということは、私の気持ちに反します。私は全教官を心から信頼《しんらい》していますので、君らにお願いするように、ほかの方々にもお願いします。教養部《きょうよう》にはやらねばならぬ事があまりに多いが、どうぞ議論倒《ぎろんだお》れにならぬよう、今まで以上によく考えてやって下さい」とあらためてお願いしましたが、まことに晴れ晴れとした気持ちでした。

バカ正直《しょうじき》

考えて見ると、バカ正直は私だけではなく、この頭のよい二人の教授《きょうじゅ》も、ある意味ではバカ正直であり、なるほどバカ正直には捨《す》て難《がた》いものがあるな、などと自《みずか》らを慰《なぐさ》めたりもしました。

教養部長時代は、無我夢中《むがむちゅう》だったというのが、最《もっと》も正直なところだと思いますが、今思い出しても、ただ有難《ありがた》いというのほかないことは、いざという時には、教養部が全く一丸《いちがん》となってよく協力してくれたことであります。それにもう一つ、いつも大学記者たちがよく協力してくれて、あまりつまらぬ情報《じょうほう》は流さず、たまによい事があると、そういうニュースは実によく報道してくれたことであります。もとより、こんなことはお願いしてもできることではなく、どうしたわけか、私にもよく分かりませんが、あるいは愚《おろ》かな私の姿が記者諸君の同情を、ひいたのかも知れません。教養部長はちょうど、私の四十九歳から五十一歳にかけての二年でありましたが、とにかく私は情熱《じょうねつ》を傾《かたむ》けてやりました。とぼとぼとした歩みながらも、裏《うら》のない私の誠意《せいい》と情熱だけは、いつとはなく全学から認《みと》めて戴《いただ》いたようであります。

話は少し前後いたしますが、新潟から京都へ移《うつ》る時、私は「これは大変のことになった。新潟では裸《はだか》のままで暮《く》らしたが、京都ではそうは行くまい。少しは賢《かしこ》くならねばならないかな」などと考え、京都へ移ってから初めの半年ぐらいは、気持ちの上では何となくぎこちないものがありました。だが、そうしたことは私には不自然であり、殊《こと》に解剖《かいぼう》学教室ではみなが裸《はだか》でつきあってくれますので、いつの間にか私もまた昔の裸《はだか》の姿になりました。教養部長になったころは、私はもう昔の私にもどっており、こうした私の自然主義は、ただ人が認《みと》めてくれるだけではなく、むしろ次第に私のファンのようなものが出来て、ヒラサワイズム（平沢流）などという言葉《ことば》さえ聞かれるようになりました。京都のような洗練《せんれん》されたところでは、生まれたままの田舎《いなか》びとの私は、よほど珍《めずら》しかったのかも知れませんが、世の中は有難《ありがた》いものであります。私の愚《おろ》かさは、むしろ過大評価《かだいひょうか》されて、教養部のみならず、全学へ広がり、妙《みょう》なことに、私は、その愚かさによって、全学に知られるようになりました。何しろ、あるがままに生きればよいのですから、これは私にも気楽で、安心しきって生きられるようになり、私自身も自己紹介《じこしょうかい》の時などには、よく冗談《じょうだん》半分に「京の田舎《いなか》びと」などと名乗るようになりました。

京大では私は年ごとに雑用《ざつよう》がふえて忙《いそが》しくなり、私が新潟医大から京大へ転《てん》ずる時、かすかに夢みていた研究そのものへの時間はますます少なくなりつつありました。そして、昭和三十一年十二月に京大医学部長、翌三十二年十二月に京大総長《そうちょう》に選ばれることによって、その多忙《たぼう》さはいよいよ頂点《ちょうてん》に達し、本来私にとっては不得意《ふとくい》の管理職《かんりしょく》の仕事をせねばならぬことになりました。運命《うんめい》というほかはありません。

押しかけた学生と

総長《そうちょう》に選ばれた時、中学の恩師中山再次郎先生をお訪《たず》ねした処《ところ》、「昔、中学でやったと同じような心でやれ。必ずやれる。うまくやろうなどと思うな」とのお言葉《ことば》をいただいて感激《かんげき》したことは、既《すで》に前に述《の》べましたが、確かに、これは私には最大の支柱《しちゅう》になりました。いろいろ困《こま》ったこともありましたが、いざという時にはいつも中山先生がうしろに微笑《びしょう》をもって立っておられるような気がして、おかげで、事が重大な時ほど、むしろ私はじっと落ちついてやることができました。

総長として私が特に感心したことの一つは、古い大学だけに、公私の別がはっきりしていることで、この点安心して事を進めることができましたが、全学のご協力には今も全く心から感謝《かんしゃ》しております。なかんずく感謝しても感謝しきれないのは、私の総長在任《ざいにん》のほとんど全期間を通じて、正に生き神さまともいうべき芦田譲治《あしだじょうじ》博士が誠心誠意《せいしんせいい》学生部長としてご協力下されたことであります。博士はだれに対しても文字通り愛と誠《まこと》をもって生きておられる方で、学生などにも決して嘘《うそ》やいい加減《かげん》なことは言われず、夜を徹《てっ》して説《と》かれるようなことも決して珍《めずら》しくはなかったのですが、一向《いっこう》そんな顔はされず、いつ思い出しても、おのずから頭のさがる方であります。

総長《そうちょう》時代には、いろいろの思い出がありますが、その一つにこんなこともありました。ある日、何かの要望《ようぼう》で一群《いちぐん》の学生が総長室へおしかけて来ましたが、私は率直《そっちょく》によく理由を述《の》べて、その要望《ようぼう》を斥《しりぞ》けました。しかし、学生はどうしても承知《しょうち》をせず、大声を立てて要望を繰《く》り返していました。私もあくまで譲《ゆず》らず、どなる学生の顔を見ていました。そのうちに私は、そうした大学生の表情にひかれ「ああ、みんな伸びて行く諸君《しょくん》なのだな」と、一瞬《いっしゅん》、何かに魅《み》せられたような気持ちになり、突然《とつぜん》言ったのです。「諸君、いま私が諸君の要望に従うことは、いともたやすいことであります。しかし、それは私の信念《しんねん》にあいません。そうすれば嘘《うそ》をつくことになりますね。それは、私にはできません。いずれ、諸君《しょくん》も将来は、総長なり、社長なり、あるいは重役なりになるべき人です。私は正しいことを述《の》べて、いま諸君に反対されてもよいが、将来成長した諸君からは、あの時の総長は正しかったと認《みと》めてもらいたいのです。諸君の将来の批判《ひはん》に落第するような総長では、諸君に対しても、京大に対しても、また私自身に対しても申訳《もうしわけ》がありません…」すると、それまで蜂《はち》の巣《す》をつっついたように騒《さわ》がしかったのが、一瞬《いっしゅん》シーンとなって、その日の会見はそれで終わりました。こんな言葉《ことば》は、決してあらかじめ考えて用意したのではなく、学生の顔を見ているうちに、自然にわいたかわいさの余り出た言葉でありまして、実は私自身もあとで驚《おどろ》いたようなことでした。その中のある者は、既《すで》に中小企《き》業《ぎょう》などでは重役や副社長などにもなっていますが、遊びに来てそんな話が出ると、しまいは笑いになってしまうのであります。人生とは面白《おもしろ》いものです。

越後の人間

私は今まで色々の賞や推せんなど受けておりますが、その中で最もうれしいのは、郷里《きょうり》越後の西蒲原郡味方村《にしかんばらぐんあじかたむら》から曽《そ》我《が》量深《りょうじん》先生とともに、初めての名誉《めいよ》村民として推薦《すいせん》されたことで、これについては木《き》村晋《むらすすむ》村長をはじめ、村民ご一同に対して心からの感謝を申しあげたいと存《ぞん》じます。無言のうちに、いつも静かに、しかも強く励《はげ》ましてくだされたのはこのふる里であります。このふる里の水や空気にとけこんだ善意《ぜんい》と誠実《せいじつ》は、そのまま私の心となり、力となってどんな混乱《こんらん》や困難《こんなん》の中でもやさしく私を支えてくれました。村人の素朴《そぼく》さや勤勉《きんべん》さはそのまま私の力ともなりました。

昔から越後の人間は肋骨《ろっこつ》が一本足らぬなどと言われますが、私は決して、これを恥《はじ》だとは思わず、むしろこれは、短気《たんき》な都会人や、意地悪《いじわる》の都会人などにはない越後人のふっくらした一面であり、お人よしの一面だとさえ思います。私などは青春時代のひと時を除き、新潟時代にも、京都時代にも、そうしたものを思う存分《ぞんぶん》出して、のびのびと楽しく生きて来ました。しかし、私もうんと若い時にはそこまで分からず、田舎《いなか》生まれの間抜《まぬ》けさをくやしがったりしたこともありますが、年をとるにつれて、ひとすじに全力投球ができたのは、全くそうしたお人好しのおかげであり、愚《おろ》かさのおかげであると、心から有難《ありがた》く思うようになりました。

「京の田舎《いなか》びと」などというあだ名は、私にはまことに有難いもので、今後はいよいよこの田舎《いなか》びとにみがきをかけて、味わい深い人間になりたいと念じておりります。いま私は、天を拝《おが》み地に伏《ふ》して、あらゆる人々に心からのお礼を申しあげたいと存《ぞん》じます。

平沢　興先生　略年譜

医学博士、京都大学名誉教授、
日本解剖学会名誉会員、日本学士院会員

1900（明治33）年10月５日、新潟県味方村（現新潟市）生まれ
1912（明治45）年、七穂小学校（味方村）卒業、平安中学入学
1917（大正６）年、京都府立第二中学校卒業
1920（大正９）年、第四高等学校卒業
1924（大正13）年、京都大学医学部卒業
1926（大正15）年、新潟医科大学助教授
1928（昭和３）年、文部省派遣により欧米留学
1930（昭和５）年、新潟医科大学教授
1931（昭和６）年、医学博士
1946（昭和21）年、京都大学教授
1951（昭和26）年、錐体外路系の研究で日本学士院賞受賞
1956（昭和31）年、京都大学医学部長
1957（昭和32）年、京都大学総長
1963（昭和38）年、京都大学総長退任、同大学名誉教授
1967（昭和42）年、国際ロータリー265地区ガバナー
1968（昭和43）年、味方村名誉村民
1970（昭和45）年、勲一等瑞宝章受章
1989（平成元）年６月17日、逝去88歳

新装版《しんそうばん》　山《やま》はむらさき

1976（昭和51）年2月1日　初版第1刷発行
2010（平成22）年8月20日　新装版第1刷発行

著　者　平沢　興

発行者　五十嵐敏雄
発行所　新潟日報事業社
〒951 8131　新潟市中央区白山浦2 645 54
TEL (025)233-2100　FAX (025)230-1833
印　刷　株式会社 北伸印刷

ISBN4-86132-413-0

曽我・平澤記念館

〒950-1261 新潟市南区味方213

TEL 025-373-6600　FAX 025-373-6662

ご案内

◎開館時間　午前9時～午後5時

◎休館日　月曜日（休日の場合は翌日）

休日の翌日（土曜日が休日の場合は火曜日）

12月28日～翌年1月3日まで

◎バス　新潟駅前から

潟東営業所行きまたは月潟行きで約50分、

「笹川邸入口」下車、徒歩3分

◎自動車　■新潟市街から

黒埼ICから国道8号（白根経由）で約30分

■東京方面から

巻・潟東ICから国道460号（味方経由）で約20分

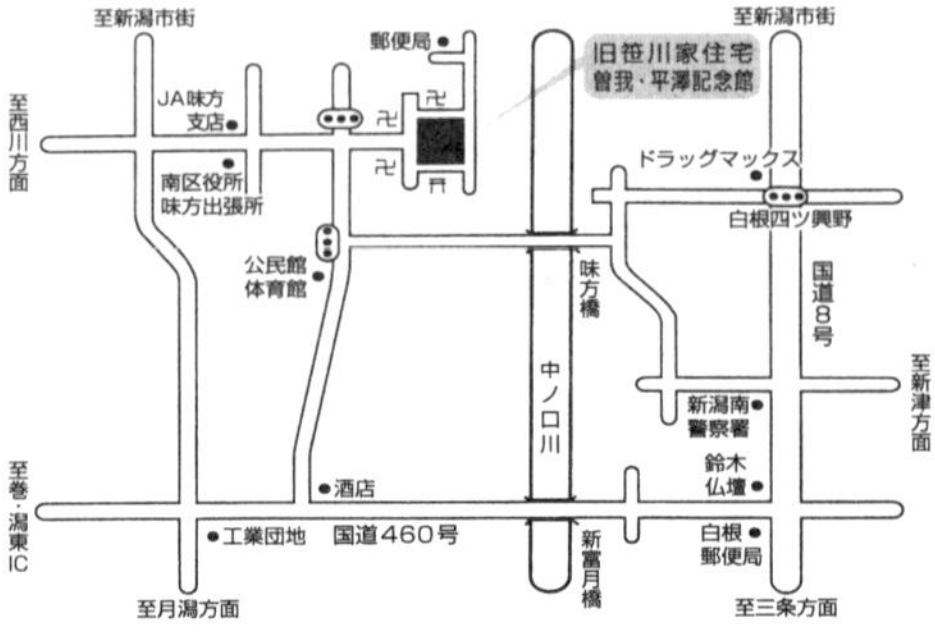